文化資本としての
デザイン活動

ラテンアメリカ諸国の新潮流

鈴木美和子 = 著

水曜社

はじめに

　本書は、ラテンアメリカのデザインの実践を取り上げている。
　例えば、ブラジルのサンパウロに住むデザイナーのシルヴィア・ササオカは、「連帯工芸」というNPOの活動に参加し、貧困地域の工芸職人と連携しながら工芸製品を開発している。
　コスタリカのインダストリアルデザイナー、ルクレシア・ロリアは、サンダルのブランドを立ち上げた。従業員は10人程度だが、自分がデザインしたサンダルを村の小さな工場で製造している。
　アルゼンチンのブエノスアイレス大学でインダストリアルデザインを教えるベアトリス・ガランは、「ネットワーク」という名前のネットワークを立ち上げた。
　同じブエノスアイレスで活躍するグラフィックデザイナーのルシアーノ・カッシシは、ウェブ2.0を活用した「アルファフォーラム」というデザインに関する意見交換の場をネット上で運営している。などである。
　何故これらのデザイン関係者の活動に注目するのか？
　これらに共通するのは何か？
　それは、「社会を変えるデザインの力」である。

　ブラジルでは、シルヴィアのように、NPOや協同組合と連携したり、自ら社会的企業として工芸に関わる活動をしているデザイナーが多く存在する。ラテンアメリカは格差や貧困などをはじめとする社会問題が深刻化している地域である。しかしそのため一方では、市民参加や非営利セクター、社会運動、新しい発展のあり方の模索なども活発化している。デザイナーたちにとって工芸活動は、大量生産型のデザイン活動にはない魅力を持つものであるが、彼らが注目するのは、社会問題を解決する力である。デザインの力を工芸活動に組み込むことで、収入を得られる工芸製品が作られ、貧困地域を潤すことができる。ブラジルでは、地域開発や社会政策と結びついた工芸活動振興の様々な取り組みが成果を上げており、工芸市場はGDPの2.8％（約110億ドル）にも及んでいる。デザイナーたちを巻き込んだ工芸分野の実践は、工芸活性化だけではなく、中小零細企業活性化、

地域活性化、地域・社会格差の緩和、雇用の創出、産業の多角化の推進、さらには文化の伝承・発展、文化アイデンティティの回復、文化的多様性の維持、市民力の強化、環境問題の軽減などを実現するものとなっている。また、工芸と融合したデザイン活動は、デザイナーの意識・実践にも変化や影響を与えている。例えば、伝統工芸や手工芸技術を取り入れたファッションデザインは、ブラジル・ファッションの独自性となり、それまでに無かったアパレル産業の地平を切り開くことになった。工芸と融合したデザイン活動は、今やブラジル社会には無くてはならない要素となっている。

　コスタリカはエコツーリズムや生物多様性の取り組みで有名な中米の小国である。この国で製造業と言えば、外国資本による縫製工場や電子回路の工場を指す。デザインを生かすことができない産業構造の中で、ルクレシアのようなデザイナーたちは自ら製品を作り販売する、起業の道を選んだ。起業を伴ったデザイン活動は、デザイナーと起業家が同一であることから、デザイン活動にとっては独自性を保った質の高いデザインを保障し、企業活動にとっては、技術・資本の制約を緩和するなど、相互利益関係を生み出す。デザイン主導型の企業活動は、独自の価値を持つ製品づくりを得意とし、外資に依存しないものづくりを意味する。そのため小規模であるが、中小零細企業の活性化や産業の多様化などにつながっており、常に外資にコントロールされてきた生産・消費システムに変化を与えるものとなっている。しかも、外国からの輸入ではなく、彼ら自身が文化を生み出

NPO「連帯工芸」で活動する
シルヴィア・ササオカ
　　　　　（シルヴィア・ササオカ氏提供）

Morro da Marianaのレース製造者協会でワークショップをするシルヴィア・ササオカ
　　　　　　　　　　（Zaida Siqueira氏撮影）

すことのできる構造を形成させ、文化の自律性と多様性を高める結果となっている。

　アルゼンチンの首都ブエノスアイレスは2005年にユネスコの創造都市ネットワークのデザイン都市を宣言した。しかしこの国はその数年前には、世界で最も極端な経済危機を経験している。デザイナーたちもサバイバルゲームを強いられた。経済的社会的荒廃の中で、再生の原動力となったのは、ソーシャルネットワークを活用したデザイン関係者たちの活躍であった。ガランは、経済危機を契機として、社会問題解決やコミュニティのためのデザイン実践を発展させるため、国を超えた実践研究の交流のネットワークをつくった。スラム地域改善のための実践、社会的企業のための製品開発の協力、社会的弱者・障害者のためのプロジェクトなど、単独では難しいソーシャルデザインの実践を、ネットワーク化することで社会に広げている。学術交流としては、アルゼンチンを中心に一度に8,000人が集まるエンカウンター（大会）が毎年行われている、国を超えたネットワークも存在する。カッシシが中心となっている「アルファフォーラム」は、すでに2011年の段階で、国内外10万人以上を巻き込んだデザインジャーナリズムの革新コミュニティを生み出している。デザインに携わる人々が大きな連携・連帯を生み出している。最も劇的な変化を見せたのは、起業家となった独立デザイナーのネットワークだ。デザイナーの集団は、ブエノスアイレスにパレルモソーホーと呼ばれるブランド集積地区を生み出した。現在は観光スポットとしても有名になっている。デザイナーたちの起業が産業界や社会に与えたインパクトは大きく、デザインの存在価値を様々な面から証明することになった。アルゼンチンでは、ネットワークがデザインの力を増幅させる装置やデザイン活動を民主化させるファクターとなって、社会や産業の回復に貢献している。

　日本にはほとんど情報が届いていないが、ラテンアメリカは、従来型でないいわゆるオルタナティブなデザイン活動の先進地域である。ラテンアメリカのデザイン関係者たちは、デザインを通して、現在も社会を変化させている。この背景にはラテンアメリカ特有の問題を多く抱える不安定な社会があり、デザイナー自身も現実や限界と向かい合わなければならない状況がある。デザインに携わる人々にも、社会変革へのインセンティブが強く働いている。そのため、困難な社会的経済的状況をバネに、NPO・社会的企業などの活動、社会運動、社会政策、

ソーシャルネットワークや情報通信技術（ICT）の活用などと結びついたデザイン活動が独自な形で展開されている。

　社会に変化を与えているデザイナーたちの個々の実践は、実は持続可能な社会への転換という、大きなテーマにつながっていくものである。本書がラテンアメリカの事例を取り上げているのは、最終的には、持続可能な社会の構築のために、デザインは何ができるのかを示すためである。
　持続可能な社会という概念は非常に漠然として幅広く、日本では今ひとつデザインの研究や実践のテーマとして直接結びついてこなかった。しかし、日本の閉塞的状況を見ても、今やそれは単なる理想ではなく、待ったなしの課題となっている。持続可能な社会を実現するには、社会の変革が不可欠となる。日本でも社会を変えていくラテンアメリカ型のデザイン活動が求められていると言えよう。むろん、ラテンアメリカと日本では、産業・経済のレベルも社会・生活レベルも違っているため、そのまま応用できない部分もある。しかし、深刻な危機や困難に直面したラテンアメリカのデザイナーたちが取り組んできたデザイン活動の事例は、持続可能な日本社会を構築するためのデザインを実践する上でも多くの教訓を与えてくれるものである。

　第1章では、デザイン活動の考察にあたり、新しい枠組みやアプローチの採用を提起している。持続可能な社会への変革を目指すデザイン活動のあり方を考察するにはこれまでにない枠組みが必要であり、それがデザイン活動の可能性を多面的に示すことにもつながると考えたからだ。そのためここでは、文化経済学の知見を取り入れている。特に、デイヴィッド・スロスビーによる文化資本という概念を基に、デザイン活動を無形の文化資本と位置づけた。デザインという言葉は、もともとデザインをするという動詞と、デザインされた物という名詞の2つの意味を持っている。本書では、デザインするといういわゆるデザイン活動に焦点を置き、デザインを無形の文化資本として捉えている。デザインという文化資本が活用されることによって、あるいは文化資本の活用のあり方によって、社会が変化し、それが持続可能な社会の構築に貢献する様子を描くことができると考えた。

第2章では、工芸活動と結びついたブラジルのデザイン活動について、第3章では、コスタリカのデザイナーの起業について、第4章では、アルゼンチンのデザイン関係者によるネットワークを介した活動についての事例をそれぞれ取り上げている。これら3つの事例から、デザイン活動がどのように周囲の状況を変化させているのか、公共政策との関係や社会的背景も含め、明らかにしていく。

　第5章では、3つの事例研究から得られた分析結果を踏まえ、持続可能な社会形成のためのデザイン活動の今後の役割と可能性について明らかにしていく。手がかりとして、佐々木雅幸の提唱する創造都市論、セルジュ・ラトゥーシュの提唱する脱成長論、中南米で広がりを見せている連帯経済などのオルタナティブな社会経済理論を参照しながら、デザイン活動のあり方を考察している。また、デザイン活動の変革にとって重要な役割を果たす政策のあり方についても、事例研究から得られた知見を整理しながら体系的に示した。

2013年4月
鈴木美和子

目次

はじめに

第1章 新しいフレームとラテンアメリカから考える……… 11
 1. ウィリアム・モリスの視点に立ち返る ……… 12
 2. 学際的理論フレームへ ……… 17
 3. 文化資本としてのデザイン ……… 21
 4. なぜラテンアメリカなのか ……… 26

第2章 ブラジル：デザインと工芸の融合 ……… 31
 1. 可能性と課題の国 ……… 32
 2. 興隆するデザインの世界 ……… 34
 3. 工芸活動の活性化がもたらしたもの ……… 35
  (1) 工芸への注目と独自の展開 ……… 35
  (2) 工芸活性化とデザインの工芸化が意味するもの ……… 44
 4. デザインの工芸化と関連する振興政策 ……… 47
  (1) 主な振興政策 ……… 47
  (2) デザインの工芸化を生み出す2つの流れ ……… 52
 5. 工芸活性化が開くデザイン活動の可能性 ……… 53
 6. 多様性・地域性を軸としたデザイン政策 ……… 55

第3章 コスタリカ：起業するデザイナーたち ……… 63
 1. 求められる国内産業の育成と多様化 ……… 65
 2. デザイナーの需要と供給のギャップ ……… 69
 3. ファッションの世界で起業するデザイナーたち ……… 72

4. 起業を伴ったデザイン活動の意味するもの ……………… 80
  (1) 相乗効果の創出 ……………… 80
  (2) 国内課題への貢献 ……………… 82
  (3) 生産・消費システムを変化させる ……………… 82
  (4) 文化システムを変化させる ……………… 84
  (5) 多様性・地域性を持ち込む相互関係 ……………… 86
5. なぜファッション分野なのか ……………… 87
6. 起業が生み出すデザイン活動の可能性 ……………… 89
7. 現場から政策へのアプローチを考える ……………… 91

第4章 アルゼンチン：ソーシャルネットワークを生かす ……… 103
1. 社会関係資本と文化資本のフレームから考える ……………… 104
2. 経済危機から創造産業振興へ ……………… 107
3. 高まるデザイン分野の貢献 ……………… 110
  (1) 中央政府によるデザイン政策 ……………… 110
  (2) ブエノスアイレス市のデザイン政策とデザイン活動の興隆 ……………… 112
  (3) 地域連携の振興 ……………… 113
4. 進むネットワーク化 ……………… 114
5. ネットワークがデザイン活動を変える ……………… 124
  (1) ネットワークが生み出す効果 ……………… 124
  (2) デザイン活動の民主化 ……………… 127
  (3) ネットワーク化の背景 ……………… 131
6. 文化資本の民主的活用へ ……………… 136
7. 政策を考える4つの観点 ……………… 137
8. 創造都市とデザイン活動の民主化 ……………… 141

第5章　持続可能な社会への変革モデル……………………147
1. デザイン活動から持続可能な循環構造をつくる………148
（1）デザイン活動の役割………148
（2）デザイン活動の可能性とオルタナティブな社会経済理論………151
2. デザイン政策の独自化・民主化へ………163

おわりに

あとがき
参考文献一覧
索引

第 1 章

新しいフレームと
ラテンアメリカから考える

1．ウィリアム・モリスの視点に立ち返る

「勝ち組」「負け組」に代表されるような格差問題、失業・貧困問題、農村の過疎化、産業の空洞化、中小企業の倒産、地域産業・商業の衰退、飽和している製品、社会保障の後退、頻発する自然災害。現在の社会経済システムの限界や生活・産業のあり方の根本的な変革の必要性は、日本でも肌で感じられるようになった。科学技術の進歩と経済成長を目指してきた日本は、近代化やグローバル化の恩恵を最も受けてきた国の1つだ。環境技術でも世界のトップに立ってきた。しかしその日本でも、科学技術や現在の社会経済システムでは克服できない状況が生じている。特に2011年3月の東日本大震災は、いかに日本の社会経済システムが持続不可能であるかを露呈させることになった。原発問題を含む大震災のショックは、日本人に生活や産業のあり方について反省の機会を与え、真に持続可能な社会形成への転換の必要性を再確認させるものであった。

持続可能な発展[1]が人類の課題とされてからかなりの年月が経過したにもかかわらず、現実には地球環境はそれほど改善されず、人類の未来への危機感や閉塞感は高まっている。2002年の地球サミットで明らかにされたように、また、日本の状況を見てもわかるように、持続可能な発展の阻害要因となる問題群は複雑化、相互関係化している。経済、社会、環境、文化[2]の多面的な観点から、持続可能な社会への変革に向けての実践が求められていると言えよう。

生活や産業に直接影響を与えているインダストリアルデザイン、グラフィックデザイン、ファッションデザインなど一連のデザイン活動も、多面的な持続可能性を前提とした新しいあり方が求められている。一方で、デザイン活動は、先進国途上国を問わず、創造産業として注目を浴びるようにもなっている。産業構造の転換などを背景に、デザイン活動を国家戦略の要素として重視する国なども増えており、経済を牽引する主導力としてのデザイン活動も期待されている。しかし、近代化やグローバル化の中で、デザイン活動自体が、過剰消費や環境汚染などを生み出すとともに、製品の均質化を通してデザインの地域性や多様性を後退させ、社会、文化、環境システムに負荷をかけることになった側面も存在する。デザイン活動のあり方によっては、現在顕在化している矛盾や問題をさらに拡大しかねない危険性も存在する。つまり現在は、人間生活や産業に幅広く影響を与えるデザイン活動が、持続可能な社会の構築のためにどのような役割が課される

べきか、どういうデザイン活動を推進するべきか、デザイン活動のあり方が一層問われている状況であると言える。

　しかしながら、デザインのあり方を考察するには、ある種の限界が存在する。その原因の中心的なものは、デザイン活動が一定のパラダイムやシステムによって成立しているため、デザイン活動自体がその役割や意味を簡単には変化させることができないという限界の存在である。そして、そこにデザイン活動のあり方を考察する上での限界も存在する。デザイン領域のみでそのあり方を議論することはできないからである。近代化を推進するファクターとして機能してきたモダンデザインの活動は、何よりも経済システムに従属して発展を遂げてきた。特に日本ではそれが顕著だ。持続可能な社会形成の観点からデザイン活動を考察するには、経済システムを中心とする様々なシステムとの関係の中でデザイン活動のあり方を検討する必要性がある。

　デザイン活動は、近代化やグローバル化の中で、大量生産・消費、輸出振興、商品の付加価値化、商品の差異化など、少しずつその役割を変化させながら、しかし、基本的には経済活動の一要素、経済成長のツールとして捉えられてきた。全ての物は商品化され、売れるデザインが優先されてきた。製品は均質化するとともに飽和を来し、デザイン活動自体の持続可能性も脅かすようになっている。デザイン評論家・デザイン史家の柏木博が指摘するように、近代化以降のデザイン活動は、「社会的制度から経済システムに委ねられた」のであり、「資本主義的市場のシステムに依拠せざるを得なくなったとも言える（柏木［2002a］pp.13-14）」。デザイン活動がどのようなシステムや背景によって成立していたのかを近代デザイン史の中で見ることは、今後のデザイン活動の役割や意味を考える上で重要な観点を与えてくれる。

　近代デザインの原点であるウィリアム・モリスは、産業革命の後、急速に顕在化していった資本主義社会の矛盾に対する批判から、「労働の人間化」「生活の芸術化」を目指し、独自のデザイン活動を展開していった。モリスの思想や実践は、アーツ・アンド・クラフツ運動として後世のデザイン活動に大きな影響を与えるが、主流となっていったのは、近代化・工業化における大量生産のためのデザイン活動であった。

　1907年にミュンヘンで、産業家、建築家、デザイナー、評論家たちによって

組織されたドイツ工作連盟は、ドイツ製品の量的・質的向上を目的とし、機械テクノロジーの肯定を基にした規格化・標準化を取り入れていく。産業と芸術の統合やデザインの大衆化が必要とされていたためであるが、「結果として見れば、それはドイツの殖産興業政策の一環としてあった（柏木［1998］p.54）」。1919年のドイツ・ヴァイマルに、ヴァルター・グロピウスを校長に設立された造形学校バウハウスの理念と実践は、後のデザイン教育に決定的な影響を与えた。造形運動や工房活動を通して多様なデザインが試みられたが、「機械テクノロジーが生み出したシステムを原理」としていたため機能主義という方向性でも展開され、「機械テクノロジーを背景に突き進もうとしたドイツ工作連盟からバウハウスに至る作業は、新しいテクノロジーが人々を解放するはずだというもうひとつの近代のプロジェクトを押し進めた（柏木［1998］p.52）」。

1944年に創設された英国産業デザイン協議会（Council of Industrial Design）は、輸出振興という国策の中で、デザイン活動を位置づけた。この種のデザイン振興機関としては世界初であり、後に様々な国のデザイン政策に影響を与えることになった。並行してアメリカでは、後にフォーディズムと呼ばれる工業化の中で、1920年代後半からインダストリアルデザイナーの活動が活発化していく。各国は売れる製品を目指し、大量消費を促進するデザイン活動を実践した。「広告は私たちの欲望を……市場経済の活動システムの中に囲い込むもの（柏木［2002b］p.86）」として機能し、デザイン活動は、生産者の利潤追求、市場経済のシステムの強化に貢献した。市場経済の進展につれ、マーケティングが企業の重要な経営原理となり、デザインによる商品の高付加価値化が目指された。モデルチェン

	19世紀末	20世紀	1907	1919
デザインの潮流	ウィリアム・モリス アーツ＆クラフツ運動		ドイツ工作連盟 規格化	バウハウス 機能主義
デザインの役割		大量生産のための デザイン		
経済システム	工業化	→		大量生産・消費

図1-1　近代デザインの潮流およびデザインの役割と経済システムの変化

ジや外観の刷新による新商品販売のために、デザイン活動は貢献した。

　先進諸国で脱工業化や知識情報経済への移行が提唱される中、1980年代のポストモダンの様式を代表するのは差異化のツールとしてのデザイン活動であった。注目されたのはブランドの創出であり、デザイン活動は情報消費を前提に、商品差異化の役割を担っていた。しかし、売れる製品のためのデザインによる商品の差異化はかえってデザインの均質化を進めてしまった側面も存在する。実際に中心となったデザイン活動を振り返ると、ポストモダンは近代の矛盾を克服するものではなく、近代化の問題をさらに深化させる面も持っていたと言えよう。

　新自由主義的グローバル化が進展する中、創造産業や文化産業としてのデザイン活動が注目されてきた。先進国では、福祉国家政策破綻への対応や知識情報社会への転換が背景になっている。イギリスを嚆矢とする創造産業振興への取り組みは、先進国だけでなく、新興国や途上国でも顕著となっている。また、イノベーションを生み出す重要ファクターとしてのデザインの重視や国家のデザイン能力が今までになく注目されている。2003年にニュージーランド経済リサーチ機関（NZIER）が発表した「デザインを通した付加価値の事例の構築（Building a case for added value through design）」を始めとして、ヘルシンキ Aalto 大学 DESIGNIUM による 'GLOBAL DESIGN WATCH 2006'、2007年のデンマーク企業・建設局（DEACA）のデザインランキング調査、韓国デザイン振興院（KIDP）による「国家デザイン競争力レポート（National Design Competitiveness 2008）」など、国家競争力とデザイン的な競争能力の関係性をベースにした国別のデザイン的能力の指標化、ランキング化が追求された。このように見ていくと、

1944	1980	21世紀
英国産業デザイン協議会 貿易振興	ポストモダン	創造産業としてのデザイン
大量消費のためのデザイン	商品の高付加価値化	商品の差異化 ブランド創出
→ 脱工業化・知識情報経済 →		
		新自由主義的グローバル化

（筆者作成）

デザイン活動の主流は、依然として経済システムの論理内で変化していると言える（図1-1参照）。

近代化、特に大量生産・消費の経済システムは、消費の大衆化を実現させ、一方では物質的な豊かさを人々に与えたが、他方では、過剰生産、消費の画一化や貧困、失業、格差、環境破壊、社会的排除など様々な問題や矛盾も生み出すことになった。近年では、グローバル化が進展していく中で、先進国でも様々な問題が顕在化している。これらの問題や矛盾は、現経済システムの限界を示すものであり、デザイン活動もこの文脈にある限りは矛盾を生み出すことになる。モリスの時代から現在までの一貫した特徴は、利潤追求を主とした経済活動の優先、経済主導の発展概念である。そのため、社会、文化、環境のシステムにはひずみが生じ、各システムの持続可能性を後退させることになった。デザイン活動は、経済の発展を目標とした世界的なシステムにおいてその意味や役割が埋め込まれているのである。モリスが直面したのは、資本主義という大きな経済構造の流れであったが、現在のデザイン活動もこの文脈に沿って展開されている。

デザイン活動の限界を克服していく上で、ウィリアム・モリスの考えや実践は、今もなお重要な観点を私たちに与えてくれる。モリスは、よく知られるように、デザイナーや芸術家として活動しただけでなく、社会主義運動や古建築物保護協会などの活動を展開した。資本家による利潤追求が醜い生活環境や労働者の苦しみを生み出しているとの認識は、デザイン活動に倫理的視点を持ち込んだだけでなく、新たな社会構築への視点をもたらした。近代化や資本主義社会の歪み、商業主義の横行などへの批判的視点は、一方ではデザイン思想として、他方では社会思想へと展開していったのであり、「モリスの社会主義思想とそのデザイン思想は連続している（谷田博幸［1997］p.62）」ことを示している。藤田治彦［1996］が指摘しているように、モリスは当時の近代化とは違ったオルタナティブ、もう1つのデザイン活動を目指したのであり、デザイン活動のあり方から社会変革を目指すものであった。

デザイン活動のあり方を考察する上で、モリスの思想と実践が示唆するのは、デザイン活動による社会変革の可能性を問うという観点だ。この観点は、デザイン活動自身が、その役割に限界を与えている周りのシステムを変革することを意味する。それは、デザイン活動の限界をデザイン活動自身で克服していくことで

もある。つまり、「デザイン活動による持続可能な社会への変革の可能性」が、現在こそ問われるべきデザイン活動のあり方を考察するための重要な観点と言えよう。この観点を考察の枠組みにするには、デザイン分野の中で議論するだけでは不十分である。モリスがデザイン活動を、変革されるべき経済社会のシステムの中に位置づけていたように、デザイン活動を成立させている経済的、社会的、文化的、環境的システムの多面的な観点から考察する必要があると考える。

2. 学際的理論フレームへ

ここでは考察の手がかりとして、日本の先端的実践・研究を中心に、デザイン分野の研究の現状を概観する。

持続可能な社会形成のためのデザイン活動のあり方に関する研究としてまずあげられるのが、エコデザイン、サスティナブルデザインなどのオルタナティブなデザイン活動のあり方だ。サスティナブルデザインは、環境面だけでなく社会的、経済的にも持続可能なデザインを指す。サスティナブルデザイン研究の源流として、ヴィクター・パパネック［1971］の"*Design for the Real World – Human Ecology and Social Change*"があげられる。パパネックは、商業主義的なデザイン活動を批判しつつ、デザインは人間の本当の要求に応えるような道具となるべきで、そのためには分野横断的なものであるべきであるとして、デザイナーの社会的、道徳的責任についても言及している。パパネックはまた、1995年の"*The Green Imperative-Ecology and Ethics in Design and Architecture*"でも経済的論理優先で資源の浪費と自然環境の破壊を行っている現状を批判し、生態学的デザインを提唱している。他にも、自然のプロセスと統合することにより環境への破壊的な影響を最小化するサスティナブルデザインの必要性を主張した、シム・ヴァンダーリン、ステュアート・コーワンによる"*ECOLOGICAL DESIGN*（1996年）"などがある。近年では、ミラノ工科大学のエツィオ・マンズィニ（Ezio Manzini）など、サスティナビリティのためのソーシャル・イノベーションを重視した実践研究が注目されている。マンズィニは、社会を持続可能な方向に変化させてゆくための活動として、2009年に大学や専門学校等の教育機関内のデザインラボをつなぐDESIS[3]（Design for Social Innovation towards Sustainability）ネットワークを立ち上げている。2003年に開催されたアジアデザイ

ン学会の筑波大会でも、サスティナブルデザイン、ユニバーサルデザイン、ソサエティデザイン、コミュニティデザインのテーマが見られた。しかし、日本のデザイン分野の研究は、専門分野ごとの事例研究や方法論が主流となっており、大局的な視点でのデザインのあり方に関する研究は限られている状況である。そのような中で、以下に示す研究や取り組みはデザインのあり方自体を考察するものとして代表的なものであると考えられる。

日本デザイン機構[4]は、インダストリアルデザイナーの栄久庵憲司らが中心になって、1995年創設された。「デザインを分母に、技術分野、社会・人文・自然諸科学の学際的連携を、日本はもとより国際的に図る組織」として、「個々の専門分野だけでは取り組めない、地球環境問題、歴史文化課題、災害、途上国問題など、国際的かつ学際的共同を要する諸課題に対し、創造的な政策提言を行い、日本および世界の生活文化の形成に寄与すること」を目的として活動している。同団体により1996年に出版された『デザインの未来像』は、国内外30余名のデザイナー、（様々な分野の）研究者、経営者が、デザインをキーワードに、来るべき世紀における社会と文化のあり方をめぐって提言し、討議した内容を総括したものである。デザインのあり方を社会のあり方の中に位置づけ、学際的にデザインを捉えたという点で新しい視点を持っていたと言える。あとがきにおいて、デザイン史学者の栄久庵祥二は、「デザインは、経済活動に沿うことはしてきましたが、経済を方向付ける努力を十分にしてきたかどうか、今問われています」と述べ、デザイン自体の再定義の必要性や「近代化の過程において、デザインを含む人間活動の諸分野が専門分化し相互の脈絡をかいてしまったこと、今日的課題に対応するにはデザインとテクノロジーの諸分野、自然・社会・人文の諸科学が密接な連携をとらなくてはならない」ことを指摘している。また、2009年に刊行された『消費社会のリ・デザイン』では、「「経済的な豊かさ」という尺度から「文化的な豊かさ」という尺度へ価値観の転換という「消費社会のリ・デザイン」が迫られている」と指摘し、環境問題や社会学的視点などを含めた多面的な内容を掲載し、様々な問題提起・提言を行っている。

宮崎清[5]は、内発的な地域開発計画とその実践を主な研究テーマの1つとしている。そのため、地域資源を生かしたデザイン活動の実践研究、伝統工芸品の分析や考察が重要な研究対象となっている。また、生活用具の生態学的研究も行っ

ている。自治体、公共機関、国際機関などとの共同研究も多く、「ベトナムにおける伝統工芸村の建設に関する調査研究[6]」など、アジアにおける調査研究の第一人者である。主な論文・著書には、『図説・藁の文化』［1995］（法政大学出版局）、「内発的地域振興の視座と過程」［1993］（日本デザイン学会『デザイン学研究』）、『伝統的工芸品Q&A』［1994］（伝統的工芸品産業振興協会）、「地域資源活用に基づく地域づくり」［2011］（日本デザイン学会『デザイン学研究19巻第1号』）などがある。内発的発展を前提とする地域資源を生かしたデザイン活動や伝統工芸の重視は、日本のデザイン分野の研究としては希少であると言える。

　益田文和[7]は、2006年から「サステナブルデザイン国際会議」を運営している。2006年の開催報告書によると、「サスティナビリティを地球環境の観点からばかりでなく、社会的な意味や文化的なコンテキストからも捉える綜合的な議論へと展開する」ことを第一のテーマにしている。この会議では、企業のエコデザインの取り組み、先端的な国内外のサスティナブルデザイン研究・実践の取り組みが発表されており、ブラジルのホームレスたちによる廃棄物の回収販売の事例や世田谷ものづくり学校の取り組み、ミラノ工科大学教授のエツィオ・マンズィニのソーシャル・イノベーションを目指した「サステナブル・エブリデイ・プロジェクト」の取り組みなど、ライフスタイルの変革に関わる提案が報告されている。2008年の第3回会議では、「社会起業：デザインにかかわる社会起業家と一次産業」、デザインと地域性の関わりの事例からデザインと社会の関係を考える「地域と国際性」、消費に関する分科会も含まれ、討議が繰り広げられている。益田は、業種横断的なデザイン戦略組織であるDMN（ダイヤモンド・デザインマネジメント・ネットワーク機構）に所属する研究会の活動を通して、1999年に東京大学生産技術研究所教授の山本良一とともに、『戦略環境経営エコデザイン　エコデザイン・ベストプラクティス100』を発刊するなど、日本におけるサスティナブルデザインの研究の草分けとして活動を展開してきた。また、並行して、大学やデザイン関係機関などでもエコデザイン、サスティナブルデザインの実践の普及に精力的に取り組んできた。近年の著作『エコデザイン』（浅井治彦・益田文和編［2010］）では、技術イノベーションの限界を指摘し、サスティナブルな社会を実現するためには、技術イノベーション以上に社会イノベーションが求められるとして、社会そのものに働きかけるデザインフロンティアを提示している。

松岡由幸[8]編著［2008］『もうひとつのデザイン』は、新しい方法論によってオルタナティブなデザインを目指す研究の成果である。本著は、21世紀COEプログラム「知能化から生命化へのシステムデザイン」とその教育プロジェクトである慶応先端デザインスクールの活動の一環として発刊されている。松岡は、高度化した科学技術を駆使することで人類の様々な要求を満たしてきたが、その負の産物として環境や安全の問題を生み今日に至っているとして、これらの問題が全て、デザイン自身が引き起こした問題であり、その根源が自らの方法論に内在するという点を特筆すべきことであると指摘している。その問題の原因をデザインの分業化・専門化に伴う「内的デザイン（エンジニアリング）」と「外的デザイン（インダストリアルデザイン）」の分化に求め、統合の必要性を主張している。「内的デザイン」であるエンジニアリングでは、「科学」に視座を置き、「外的デザイン」であるインダストリアルデザインは、「文化」に視座を置くものであり、この2つの統合や協調化が「もう1つのデザイン」を生み出すもので、生命システムに学ぶデザインの生命化であるとしている。

　これらの先端研究に共通するのは、従来の主流であったデザイン活動に対する反省であり、多面的な観点からデザイン活動の新しい役割を見つけていこうとする姿勢である。一方で、先行研究が示しているのは、学際的な理論フレーム・アプローチによる実証的研究、デザイン政策の研究の必要性である。デザイン分野では、学術論文における議論が他分野に比べ遅れていることもあり、学際的アプローチによる研究や政策のあり方についての研究はきわめて少ない実状となっている。また、日本デザイン機構やサステナブルデザイン国際会議の取り組みなど一部を除いて、政治、社会、経済、環境、文化など様々なセクターとの関係の中で、デザイン活動のあり方を検討なり提起なりしている取り組みは少なく、学術論文ではほとんど見当たらない。エコデザイン、サスティナブルデザインなどや新しい方法論に関する研究は不可欠かつ有用であるが、デザイン活動の限界や課題を生み出しているのは、むしろデザイン活動を取り巻くシステムや経済構造である。デザイン分野の先端的研究では、オルタナティブなデザイン活動を模索しながらも、専門的内容や方法論が中心となっており、現在矛盾を生み出している経済システム等との関係を含む学際的な視点からの考察を行うものとはなっていない。また同時に、デザインに関わる政策について多面的な視野から議論される

ことはほとんどないと言える。

　デザイン活動やその政策のあり方を学際的、実証的に考察するにあたっては、理想論に陥らないためにも、実践や関係政策を理論的に分析するフレームが必要である。学際的な理論フレームを用いることで、デザイン活動のあり方の考察がより客観的、理論的になると考える。

3．文化資本としてのデザイン

　持続可能な社会形成のためのデザイン活動のあり方を研究する要件として、デザイン活動による社会変革の可能性を問う多面的観点からの分析、学際的、実証的アプローチの必要性を先に示した。考察の限界を克服し、これらの要件を満たすには、新しい理論フレームが必要となる。

　先に指摘したように、デザイン活動は現在に至るまで、もっぱら経済発展やそのための商品差異化のツールと見なされてきた側面が存在する。しかし、デザイン活動は創作活動であることから文化活動として捉えることも必要であり、持続可能性や社会変革の可能性にとって、デザインという文化活動がどのような意味を持っているのかを知ることが不可欠であろう。現在まで、デザイン活動の成功は、経済的価値によって測られていたと言えるが、デザイン活動を多面的な観点から考察するためには、文化的な価値や役割も問われるべきであろう。そのため、ここでは、経済的側面と文化的側面の両方を考察できる視点を持つ、文化経済学の先行研究の成果を基に、新しい理論的枠組みを検討したい。

　文化経済学は、環境経済学などとともに、主流派経済理論の対抗理論として登場した。共通するのは、それまでの経済学では切り捨てられてきた生命や文化、環境という人間にとって重要な要因を経済理論の中に取り入れたことである。学問分野としては比較的新しいと言えるが、その源流を18世紀のアダム・スミス「芸術論」や19世紀のジョン・ラスキン「芸術経済論」などに遡ることができる。ラスキンは、功利主義の経済学に反発し、人間の創造活動や享受能力を重視する「生命経済学」の体系化を試みた。また、ラスキンの思想を引き継いだウィリアム・モリスは、前節でも言及したように、利潤追求による生産システムが職人的工芸生産を駆逐している現状や商業主義の横行に対し、「芸術による労働の疎外からの回復」「創造的な仕事の復活」のために美術工芸運動を展開した。マルク

スの資本主義社会批判を通した社会変革を自身の創造活動の理想と結びつけたモリスは、社会変革家としても活動し、「労働の人間化」と「生活の芸術化」を目指したのである。近代デザインの原点であり、近代デザインの最初の批判者と見なされるモリスの存在が、ラスキンと並び、文化経済学の成立にも影響を与えていることは興味深い。

　現代の文化経済学の起点は、1966年に出版されたW.J. ボウモル＝W.G. ボウエンによる『舞台芸術：芸術と経済のジレンマ』であるが、舞台芸術産業の分析を通して、芸術文化の外部性や経済と芸術の関係の矛盾を指摘するものであった。この研究成果により、芸術文化に対する公的支援の必要性が確認されることになった。1973年には、文化経済学に関する国際学会誌 "*Journal of Cultural Economics*" が創刊され、最初の国際文化経済学会の大会が1979年に英国で開催されている。当初、芸術への公的支援の研究に限定されていた研究対象は、グローバリゼーションの進展や地域再生取り組みの流れの中で、その領域を拡大していった。1980年代後半以降、製造業の衰退による都市や地域経済の危機の中で、ヨーロッパでは文化と経済の関係が注目されるようになり、研究テーマも産業構造の転換や新産業の創出による地域や都市の再生のシナリオに関わるものが増加した。1990年代以降、持続可能な発展というパラダイムの中で、地域政策や都市政策へのアプローチも注目されるようになった。また、情報通信技術（ICT）の発達・普及は、マルチメディア産業を中心とする文化市場を発展させ、それが文化経済学分野の研究を加速させることになった。近年は、文化・創造経済をエンジンとする創造都市に関する研究や実践が世界中で取り組まれている。

　文化経済学、文化政策学の第一人者であるデイヴィッド・スロスビー（David Throsby）は、2001年に出版した "*Economics and Culture*" で、経済学と文化のギャップを埋めるため、文化資本という概念を提起している。スロスビーは、従来の経済学で用いられてきた物質資本、人的資本、自然資本と並ぶべき資本として文化資本を提起しており、文化資本概念の起点として、文化的価値という経済的価値には還元しきれない存在を認めている。スロスビーの文化資本の概念は、社会学分野のピエール・ブルデューの文化資本概念とは違い、文化的価値という概念を基にして、経済学の理論の中に位置づけられている。ブルデューによる文化資本の概念は、身体化・客体化・制度化の３つの様態で説明される。その概念

を最もよく特徴づけているのは身体化された様態で、蓄積することで所有者に権力や社会的地位を与える文化的教養に類するものとして、文化的再生産の観点から論じられている。ブルデューの文化資本の概念について、スロスビーは経済学における人的資本の概念ときわめて類似していると指摘している。近年は、ショックレー[9]など、この２つの文化資本概念を結びつける研究も登場している。本書では、デザイン活動が、経済活動・文化活動として、多面的な持続可能性に対してどのような意味や役割を持っているのかを分析することが目的であるため、個人レベルや人的資本としてのブルデュー型の文化資本概念ではなく、スロスビーの文化資本概念の援用が有効であると考える。

スロスビーの文化資本、文化的価値という概念は、文化と経済の複合的な関係を考察する基礎となっている。著書では、文化資本は文化的価値と経済的価値を生み出すことから、普通の資本とは違っていること、文化的価値は経済的価値を生み出すものであることなどが示されている。さらに、文化資本には、建物や工芸品などに代表される有形の文化資本と、集団によって共有されている観念、慣習、価値といった形式をとる知的資本としての無形資本があることを指摘、ストックとフローの区別も行っている。

デザインをこの文化資本の概念に当てはめてみると、まず有形の文化資本であるデザインされたものと無形の文化資本であるデザイン活動（デザインすること）に大別して捉えることができる。デザイン活動、つまりデザインすることは、スロスビーが無形の文化資本として規定する「集団によって共有される慣習（practice）」に該当すると考えられる。言語が無形の文化資本として、有形の文化資本である文学作品を生み出すように、無形の文化資本であるデザイン活動は、有形の文化資本であるデザイン製品を生み出すと解釈できる。無形の文化資本であるデザイン活動は、蓄積されていけば独自のデザイン活動による文化やシステムを形成することになり、例えば、イタリア独特のデザイン文化などを形成していくものと考えられる。また、デザインされた個々の製品（製品のデザイン）は、有形でフローの文化資本であり、これらが蓄積されていけば、現存する意匠や建築物などのストックの有形文化資本になる。さらに、無形の文化資本であるデザイン活動が有形の文化資本であるデザインされたものを生み出す一方で、有形の文化資本であるデザイン製品や現存する意匠などもデザイン活動というフローを生

み出していく働きがあると考えられる。つまり有形の文化資本は、無形の文化資本であるデザイン活動を誘発し、次のデザイン製品を生み出す働きがあるとも考えられる。例えば、アフリカの伝統工芸の模様をヒントに、新しいデザインのスカーフが製品となったとき、有形の文化資本のストックは、無形の文化資本の活用を誘発し、結果的に有形の文化資本のフローを生み出していることになる（図1-2参照）。

スロスビーは文化資本概念と持続可能性の関係を議論しており、持続可能性に対する文化資本の6つの原理を示している。6つの原理は持続可能な社会形成のためのデザイン活動のあり方を考察する上で有効な枠組みを与えるものであると考えられる。1つめの原理は《物質的・非物質的厚生》であり、文化資本から「物質的」利益と「非物質的」利益が生み出され、人々の役に立つことで持続可能性が高まることを意味する。2つめの原理は《世代間公平と動学的効率性》で、先行世代から継承し、後続世代に引き渡す文化資本のストックに関する原理である。文化資本へのアクセスの公正さは、他のあらゆるタイプの資本から生じる利益の世代間分配における公正さと同様の方法で分析できるとしている。「世代間の問題を効率よりも公正さの問題として捉えることは、自然資源の文脈におけると同様の意味合いを、文化資本に適応する際にももたらすことになる。すなわちそれは、将来のために現在の世代が引き受ける、道徳的・倫理的な責務と関係している。文化的な観点においては、これは、現在を生きる私たちの近視眼的で利

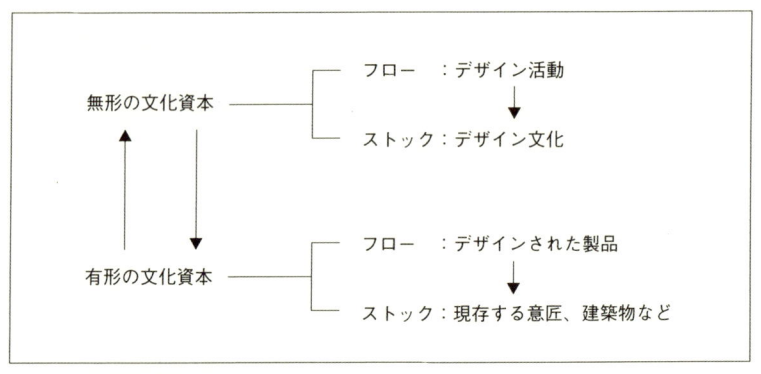

図1-2　文化資本としてのデザイン
　　　（David Throsby [2001] "Economics and Culture" の文化資本概念を基に筆者作成）

己的な振る舞いの結果として、将来の世代が文化的資源へのアクセスを拒否されたり、彼らの経済的・社会的・文化的な生活のための文化的基盤が奪われたりすることがないようにするということである（スロスビー［2005］pp.96-97）」と述べている。3つめの原理は《世代内公平》であり、「社会階層、所得グループ、地理的カテゴリーなどの観点から見た、文化資源および文化資本から得られる利益の公正なアクセスにかんする、現在の世代の権利を主張するものである（スロスビー［2005］p.97）」としている。4つめの原理は《多様性の維持》である。多様性は文化資本の重要な属性であって、文化的多様性は生物多様性と同様に文化システムの維持において重要であると指摘している。それは、新しい資本を生み出す能力を持っているからであり、資源が多様であればあるほど、将来生み出される芸術作品も、より多様でより文化的に貴重なものになることを意味している。5つめの原理は《予防原理》で、自然界における種の絶滅のリスクと同様、不可逆的な変化をもたらすような決定は、極力リスク回避的な立場からなされるべきという主張である。最後の原理は《文化システムの保全と相互依存性の認識》で、持続可能性の最も基礎的な原理であるとしている。すなわち、いかなるシステムの部分も他の部分から独立して存在することはないという観点を意味するもので、自然資本と同様、文化資本は長期的な持続可能性に寄与するとしている。自然の生態系の破滅や資源の枯渇が、結果として厚生上・経済上の損失につながるように、人々にアイデンティティの意味をもたらすような文化的価値を支え損ねたり、文化資本への投資を怠るなど、文化システムが危険にさらされると、厚生的・経済的な面での損失を生み出す可能性があるとスロスビーは指摘している。

　6つの原理は、文化資本が新しい産業、文化産業を創出する上でも重要な基盤となるものである一方、持続可能な社会形成には、自然資本と同様に文化資本の強化への配慮が必要であることや、それが文化以外のシステムにも影響を与えることを示すものであり、デザイン活動もこの観点からの分析が重要であると考えられる。そのため本書では、スロスビーの文化資本、文化的価値の概念を理論的枠組みとして援用し、特に文化資本と持続可能性の関係に焦点を置き、考察することにする。

4. なぜラテンアメリカなのか

　従来のデザイン分野における実証研究、事例研究では、工業先進国での事例が大半であり、特にデザインのあり方を考察するに当たってはヨーロッパなどの先進地域が対象となることがほとんどであった。しかし、本書の目的は、むしろ欧米先進諸国が中心になって進めてきた近代化やグローバル化の矛盾を乗り越える視点を持つデザイン活動モデルを示すことであり、今までとは違った新しい発展を目指すデザイン活動のあり方を模索するものである。そのため、事例研究の対象も新しい視野で取り上げる必要性があると考える。

　以上の点や前節での考察を踏まえて、デザイン活動のあり方を考察するため、ラテンアメリカ地域を対象とした事例を取り上げることにした。ラテンアメリカ地域に注目した理由は以下のとおりである。

　第1に、オルタナティブな（もう1つの）デザイン活動が活発化している地域であるということによる。社会問題の解決や社会全体の利益を目指す、いわゆるソーシャルデザインや工芸的デザイン、サスティナブルデザイン、デザイナーによる起業、社会起業家によるデザイン活動などのオルタナティブなデザイン活動が活発化しており、デザインのあり方を考察するための事例が豊富に存在する。また、オルタナティブなデザイン活動の多くが、独自の発展を志向する関係者によって自覚的に生み出されているという事実がある。デザインジャーナリスト・デザイン史家でカーザ・ブラジレイラ・ミュージアム館長であるアデリア・ボルジェス（Adélia Borges）は、2007年の創造産業フォーラムにおいて、デザイン活動と工芸活動の連携の事例報告とともに、「ブラジルのように、技術の浸透が低く、工業発展が限られた周辺国のデザインは、先進国のデザインを模倣できないし、また模倣しようとすべきではない。私たちが考える大切なものとは、特に市民の最大限の創造性を基礎に置きながら、それぞれ独自の道を模索すべきだという信念である[10]」と述べている。

　第2に、第1の注目点と関連して、ラテンアメリカ地域では、デザイン分野の学術研究が活発化しており、研究資料が豊富に存在することがあげられる。例えばアルゼンチンでは、毎年多くの国・機関が参加する8,000人規模の学術交流が行われている。また、ブラジルのデザイン研究大会は、1,000人規模で開催されている。研究テーマとしてもオルタナティブなデザイン活動に関するものが多く、

国を超えた学術交流・研究連携も盛んである。

　第3に、ラテンアメリカ諸国では、中央政府や地方自治体によるデザイン政策が注目されており、デザイン政策を実施もしくは研究している国が多く存在する。政策に関する資料も比較的多く、デザイン政策を含めた考察に役立つと考えられる。

　第4に、ラテンアメリカは、オルタナティブな社会的経済的実践が活発化している地域であるという点である。植民地時代から残る対外従属の構造や経済的・社会的・地域的格差の構造を抱えながら、輸入代替工業化の破綻、急激な都市化、新自由主義経済改革の失敗、経済・金融危機などに直面してきた。環境破壊、貧困、失業、社会的排除など、近代化やグローバル化の負の部分が顕著な地域である。しかしそのため、オルタナティブな社会を求めるインセンティブも強く、連帯経済の取り組み、市民社会運動、社会的ネットワーク、反グローバリズム運動、社会政策の重視などのオルタナティブな動きが活発化している地域でもある。内橋克人とラテンアメリカ地域の研究者により編集された『「失われた10年」を超えて—ラテン・アメリカの教訓』シリーズは、新自由主義経済政策による負の累積効果で「失われた10年」と呼ばれる社会的経済的困難を経験したラテンアメリカの教訓から、日本の社会経済のあり方を考察している。発刊の辞では、「ラテン・アメリカの政府、企業、市民社会が「失われた10年」の罠から逃れるために編み出してきた政策や戦略、そしてそれらの成果と限界から、「なにをなすべきか」についても、より積極的な教訓を読み取ることができる」として、ラテンアメリカのオルタナティブな実践・取り組みの事例が取り上げられている。ラテンアメリカは、学際的な視点でデザイン活動による社会変革の可能性を考察するにふさわしい背景を持っていると言えよう。

　第5に、創造産業としてのデザイン活動振興への動きが政府、民間、市民社会の各セクターにおいて活発化していることである。特にICTの発達などにより急激に創造産業が発展している中、デザイン活動でウェブ2.0の活用による創造産業への参入が増加している。ラテンアメリカでは、UNFSCO（国連教育科学文化機関）やUNCTAD（国連貿易開発会議）などの国際的機関の支援により、創造産業振興の取り組みがメルコスール（南米南部共同市場）を中心に行われてきた。UNCTAD［2008］の報告書によると、創造産業は現在最もダイナミック

に発展しているセクターであり、2000年から2005年にかけての全世界の平均年間成長率は8.7％であった。先進国の創造産業の輸出シェアが1996年の70％から2005年に58％に減少したのに対して、途上国の創造産業の1996年に30％であった輸出シェアが2005年には41％に増加している。創造産業分野の輸出の中で一番大きな割合になっているのがデザインであり、全体の65％に達する。途上国の創造産業で一番シェアが高いのは工芸（60％）であるが、2番目はデザイン（47％）である。UNCTADの創造産業に関するハイレベルパネルの議論が示したように、創造産業は、途上国にとって様々な意味で新しいチャンスとなっている。経済成長、雇用の創出、輸出による利益創出、社会包摂、文化的多様性の促進、人間開発などが、創造産業の推進によって達成される可能性が高いからだ。先進国にとっては、創造産業の活性化はポスト工業化、知識情報社会への移行となっているのに対して、新興国や途上国にとっては、もう1つの発展のモデルになっていると言える[11]。また創造産業をエンジンとする創造経済は、持続可能な発展と親和性を持つもの、団結や社会変革のための要素として捉えられている[12]。さらに、ラテンアメリカは、創造産業の研究における最もダイナミックな動きのある地域となっている[13]。

　田中祐二は、前述した「ラテン・アメリカの教訓」のシリーズの第2巻『地域経済はよみがえるか ラテン・アメリカの産業クラスターに学ぶ』の論文「ブラジル航空機産業の公共性」の中で、「われわれが銘記しておかなければならない点は、ブラジルをはじめラテン・アメリカ諸国の経済発展が単にリレー競争的に、いわばW・ロストウの「経済発展段階説」的にわれわれ先進国の後を追っているわけでなく、ここまで見てきたように市民社会との調整のもとで企業戦略を展開し、さらには企業それ自体が市民社会の構成員としてイノベーションを繰り返し、独自の発展・成長を遂げようとしていることである。つまり、われわれの国がいまだに果たせていない経済・社会的イノベーションを果敢に実行することにより、経済発展をわがものにしていることを認識しなければならない。（田中・小池編［2010］p.205）」と指摘している。

　歴史的に見ても、社会的経済的変革は周辺地域や矛盾の多い地域から生み出されることが多い。ラテンアメリカは変革のエネルギーがデザイン活動に最も強く反映されている地域である。新しい発展モデルの模索の中で、オルタナティブな

デザイン活動が活発化しているラテンアメリカ地域は、デザイン活動の多面的な役割や今後の可能性を研究する対象としてより有効であると考えられる。

・注
1 持続可能性や持続可能な発展の定義は、一連の国際会議における Sustainable Development（以下SD）の理念によるのが一般的であり、実現には環境、経済、社会の3側面のバランスやそれらの相互関係性が考慮されるべきとの共通認識が形成されてきた。SD の日本語訳は、外務省によって「持続可能な発展」とされているが、都留重人は、地球を維持できる範囲で経済的社会的発展を進めるべきという本来の趣旨から「維持可能な発展」と訳すべきであると主張している。この考えに賛同する宮本憲一は、「維持可能な社会」を①平和の維持と核戦争の防止、②環境と資源の保全・再生、人間を含む多様な生態系の維持・改善、③絶対的貧困の克服と社会的経済的な不公正の除去、④民主主義の確立、⑤基本的人権と思想・表現の自由の達成、多様な文化の共生という5つの人類の課題を総合的に実現する社会であると定義しており（宮本［2007］p.340）、SD の実現には技術的な改善だけでは限界があり、これまでの経済成長政策に支えられた政治・経済システムの変革が必要であると指摘している（宮本［2004］pp.16-17）。本書で使う「持続可能な社会」の概念は、世代間公平や環境的、経済的、社会的、文化的側面など多面的な持続可能性を前提条件としており、特に上記の宮本の理念や定義を踏まえたものである。
2 2002年の地球サミットの「実施計画」においては、平和、治安、安定、人権、基本的自由の尊重と並び、文化的多様性が、持続可能な発展を達成するために不可欠な要素として位置づけられた。文化的多様性は、多文化共生社会や平和構築の実現に資する要素としても理解されている。近年では、文化産業推進による都市再生や社会的統合など文化の持つ力が持続可能な社会の形成にとって重要な意味を持っていることが議論されるようになっている。
3 http://www.desis-network.org/　DESIS-Japan http://desis-japan.org/j/about/prospectus
4 http://www.voice-of-design.com/jp/
5 千葉大学名誉教授、放送大学特任教授、中国湖南大学名誉教授、中国江南大学名誉教授。
6 http://hist1.ti.chiba-u.jp/vietnam/vietnam_top_jp.html（2012年5月21日最終確認）
7 東京造形大学教授、デザインコンサルタント、LLP エコデザイン研究所所長、（株）オープンハウス代表取締役。
第3回サステナブルデザイン国際会議
　http://www.sustainabledesign.jp/2008-2024/9_sengen_index.html（2012年5月21日最終確認）
8 慶應義塾大学教授。専門はデザイン科学、デザイン理論・方法論、プロダクトデザイン、設計工学、感性科学。「デザイン塾」主宰。
9 ショックレー（Gordon Shockley）は、37th World Congress of the International Institute of Sociology（2005年、ストックホルム）の発表 'Whither Bourdieuan cultural Capital?: At the Crossroads of Sociology and Economics. Frontiers of Sociology' において、スロスビーの文化資本概念の弱点はその外生成（exogeneity）であり、文化資本を巡る持続的な諸現象を説明することができないと指摘しつつも、ブルデュー派の個人レベルの文化資本概念は、スロスビーのマクロレベルでの経済学的な概念との結合を必要としているとして、2つの文化資本概念のリンクを示唆している。
10 'Diseñando instituciones para la promoción de artesanía y creatividad' Palestra presentada al Foro sobre industrias creativas del MERCOSUR, 2007年 5 月28日 http://www.unesco.org.uy/cultura/fileadmin/templates/cultura/cultura-mercosur/archivos/Ponencia_Adelia_Borges.pdf

（2012年 5 月21日最終確認）
[11] Edna dos Santos-Duisenberg 'Economía Creativa Es una Opción de Desarrollo Factible?'（創造経済は実現可能な発展の選択肢か？）, Instituto Itaú Cultural［2008］"ECONOMÍA CREATIVA como estrategia de desarrollo: una visión de los países en desarrollo（発展戦略としての創造経済：途上国のビジョン）", São Paulo, Instituto Itaú Cultural
[12] Lala Deheinzelin 'ECONOMIA CREATIVA Y DESARROLLO SOSTENIBLE'（創造経済と持続可能な発展）http://www.scribd.com/doc/27112088/Economia-Creativa-y-Desarrollo-Sostenible（2012年 5 月21日最終確認）
[13] UNESCO［2006］'Comprender las Industrias Creativas'（創造産業を理解する）http://portal.unesco.org/culture/en/files/30850/11467401723cultural_stat_es.pdf/cultural_stat_es.pdf（2012年 5 月21日最終確認）

第 2 章

ブラジル：デザインと工芸の融合

本章では、ブラジル（連邦共和国）の工芸活動活性化の現状と関連する政策を取り上げる。ここでの工芸とは、伝統工芸、近代工芸を含むもので、手仕事を中心にした活動を指す。ブラジルでは社会政策の実践や輸出政策などが相まって工芸活動が活発化され、デザイン活動にも大きな影響をもたらしている。デザイン活動の変化は、持続可能な社会形成のためのデザイン活動の可能性を示していると同時に、今後のデザイン政策のあり方にとっても示唆となる部分が大きい。

1．可能性と課題の国

　ブラジルは様々な意味で、発展における問題と可能性を持った国である。日本の22.5倍もある広大な土地、石油や鉄鉱石など豊富な天然資源を有している一方で、社会的経済的格差、地域間格差、貧困問題、都市問題、環境問題を抱えている。また、人種構成、気候、生物、文化等における多様性がこの国を特徴づけている。いわば、持続可能な社会の形成を目指す上でも、大きな問題と可能性を持っている国であるといえる。近年はBRICsの造語が示すように、経済成長が顕著な発展のポテンシャルを持った新興大国として注目されている。輸出も好調で、1人当たりのGDPも12,789ドル（2011年、IMF）に達している。

　ブラジルは、植民地時代の後、一次産品への特化、また工業では輸入代替工業化政策がとられてきた。急速な開発、産業化と都市化の中で、環境の悪化が進んだ。政治的にも不安定で、経済における不確定性は、ブラジルリスクとして有名であった。1990年代後半、カルドーゾ政権による経済自由化への転換は、マクロ経済を安定させることに成功する。社会的包摂にも取り組み、社会自由主義国家を目指したにもかかわらず、失業や非正規雇用・労働は増加し、所得分配の改善はほとんど実現されなかった。しかしこの時期には、このような問題を克服しようとする市民社会の動き、特に連帯経済の動きも活発化していく。連帯経済は、自主、協同、民主、持続性などを原理とし、底辺にいる人々が協力して雇用創出や生活水準の改善を目指すものであるが、ブラジルではNGO、協同組合、労働者自主管理企業、財団など多様なサードセクターが、資金・統治能力が不足している行政に代わって、様々な領域に事業や雇用を創出している。サードセクターとは国家や自治体など公的セクターでも、営利を目的とした民間セクターでもなく、民間であるが社会的使命を担うセクターを指す言葉で、日本のように、政府

写真2-1　ブラジルの格差問題を象徴するサンパウロの中心街のビル群（左）
写真2-2　郊外のファヴェーラ（スラム地域）（右）　　　　　　　　　　　　　　（筆者撮影）

や自治体（第1セクター）と民間（第2セクター）が共同で設立する経営組織体、いわゆる3セクを指すものではない。ルーラ政権（2003年～2010年）は、経済的には自由化を推し進めながらも、社会政策を重視してきた。2003年に発表された「多年度計画」では、社会的不平等の解消と社会的融合、雇用や所得の増加、地域格差の是正、環境に配慮した持続的な経済成長の実現、市民権の拡大、民主主義の強化が重点目標であった。貧困層への援助政策は効果を見せ、ジニ係数にも改善が見られた。ルセフ政権（2011年～）もルーラ政権の政策を継続しており、福祉、教育、保健、治安などを優先課題としている。政府は一貫して連帯経済を積極的に推進する立場をとっており、法制的にも資金的にもこの動きを支援している。

　ブラジルの持続可能な社会の形成にとって、第1に取り組まなければならないのは、深刻な社会問題への対応だ。貧困問題や失業問題、格差問題の緩和が必要となる。ブラジルでは地域間格差がはっきりしており、その緩和には、地方人材の育成、地域産業、中小企業の振興が不可欠だ。格差問題や貧困問題が解決されていかない限り、ブラジルは様々な面でリスクを回避することができなくなり、持続可能な社会の形成も望めなくなる。また、これらの問題を解決するためには、サードセクターの発展が不可欠で、幅広い取り組みが望まれる。第2に、グローバリゼーション、貿易自由化に対応できる輸出競争力の強化、多角的な産業の育成が必要となっている。一次産品に頼っていた経済構造の転換が求められており、輸出の多角化や製品開発力の強化が模索されている。この取り組みに欠かすこと

第2章　ブラジル：デザインと工芸の融合　　33

ができないのが中小企業活性化である。国内企業の大多数は中小企業であり、経済的だけでなく社会的な役割も担っている。中小企業を活性化することは、人材育成や地域格差是正、貧困問題の緩和にもつながる。第3に、環境問題の克服は、その規模や他国への影響を考えると、最重要課題である。アマゾンの保全は、いわば地球全体の課題と言える。ブラジルは、大西洋岸他も含めて、森林・生態系の被害が大きい。自動車排ガス、工場排煙などによる大気汚染、工場・生活排水による水質汚染なども深刻で、開発とのバランスが問われることになる。住環境の悪化や廃棄物処理対策の遅れなどの問題も存在する。これらの課題は、いずれもお互いに密接な連関を持っており、ブラジルの持続可能な社会形成に大きく影響を与えるものとなっている。

2．興隆するデザインの世界

　ブラジルにおいてデザイン振興が国家政策として本格的に取り組まれたのは、1995年に開発商工省に「ブラジル・デザイン・プログラム（Programa Brasileiro do Design：PBD）」が創設されて以降のことである。それまでのデザイン活動は一定の進展を見せながらも、輸入代替化政策等の理由により、オリジナルなブラジル・デザインは1990年代になるまで停滞していたと言える。経済自由化は、国際競争力・国内製品開発力を高めるためのデザイン政策を必然的に重視させることになり、その成果が急速に注目されるようになった。その1つがブラジル・ファッションデザインへの世界的注目であり、デザイナーズファッションの輸出の拡大も顕著である。ブラジル・ファッションデザイナー協会（ABEST：Associação Brasileira de Estilistas）の設立、ファッション・ウィークなどのイベント、ブラジル輸出振興庁（APEX）の支援などにより、ブラジル・ファッションは国際的認知度を高めることに成功した。美術系大学で著名なFAAP（Fundação Armando Alvares Penteado）大学には2005年にブラジル・アート＆モード・インスティテュート大学院が設立された。サンパウロ美術館、国立職業訓練所、ブラジル繊維アパレル協会とFAAP大学の共同運営によるもので、ブラジル・ファッションのさらなる発展の試みがなされている。ファッション分野だけでなく、プロダクトデザインの分野でも、ブラジル・デザインの評価が高まっている。PBDのエクセレンス・ブラジルのプログラムも功を奏し、ドイツの著名なiFデ

ザイン賞の受賞が3年間で60件を超えるなど急激な増加を見せた。プログラムは、国内の企業やデザイナーが海外のデザイン賞に応募することを促進するもので、国が送料や申請料を負担するなど支援する仕組みになっている。国内のデザインコンクールも盛んである。南米最大の家具のコンクール・モーヴェルスルやクリチバ市のクリアソン・パラナなどのコンペティションも、デザイン力向上やデザインの啓蒙に大きな影響を与えてきた。さらには、国際的スターデザイナーであるカンパーナ兄弟の存在も、ブラジル・デザインの活性化に大きな影響を与えている。彼らのデザイン作品は、ブラジルの貧民街でつくられているのと同じように周辺の木片を集めて作った椅子、至る所で売られているぬいぐるみをコラージュした椅子など、ブラジル社会そのものから発想されることが多い。そのユニークな発想は世界的に評価され、日本のデザイン雑誌などでも取り上げられている。また、ブラジルではデザイン系大学が各地に急速に増え、100校を超えている。2006年、クリチバ市で開催された第7回デザイン研究開発大会（7º congresso brasileiro de pesquisa e desenvolvimento em design）では、1,098本の投稿から審査された408本の様々なテーマ・分野における論文が発表され、大会には900人の関係者が集まった。エコデザインの研究や実践は確実に増加しており、ソーシャルデザインの研究や実践も重視されている。工芸活動実践に関する論文も数多く見られ、文化的観点からのデザインのあり方も多く模索されている。例えば、大会論文集の論文の26のカテゴリーのうち、「サスティナブルデザイン」は3番目、「デザインと文化」は6番目、「ソーシャルデザイン」は7番目、「ファッションデザイン」は9番目に参加が多かった。

3．工芸活動の活性化がもたらしたもの

（1） 工芸への注目と独自の展開

　1990年代以降のデザイン振興政策によって、短期間に様々な成果を見せるようになっているブラジル・デザインの中で、工芸分野への注目とその活性化は独自の展開を見せている。ブラジルの工芸市場は年毎に成長しており、開発商工省によると、GNPの2.8％、280億レアル（約110億ドル）を生み出している。また、工芸生産のプロセスには、850万人近い人が関わっているといわれている[1]。工芸活動の活性化は、社会問題や環境問題の解決に直接貢献し、ファッションデザ

インの分野に大きな影響を与えており、以下のような特徴的な動きや背景が存在する。

連帯経済の中の工芸活動

　社会的経済とも言われる連帯経済は、世界で30億人が関与、8億人の組合員が存在し、1億人の従業員を生んでいるといわれている（共同企画／【東京・大阪・熊本】実行委員会［2006］p.29）。もともとヨーロッパで産業革命以降生じた社会問題に対応するための相互扶助活動として生まれた。現代では、ヨーロッパだけでなく、カナダなど、また1990年代以降は、特にラテンアメリカ地域での発展が目覚ましく、2006年の世界社会フォーラム（ベネズエラ）でのテーマの3分の1は連帯経済に関するものとなっている。1998年、第1回連帯文化と連帯社会経済ラテン集会がブラジルのポルトアレグレで開催された時には、ラテンアメリカ連帯経済ネットワークが結成された。ブラジルの連帯経済は年間60億レアル（約24億ドル）以上を生み出し、18,878の起業、157万人の雇用を生み出しているとされている[2]。1980年代初め、経済危機で倒産した企業の労働者によって再生された自主管理企業、IMFの構造調整プログラムの犠牲になった農・漁民、低所得者層などによって組織された生産者組合・消費者組合などがつぎつぎと立ち上がり、またキリスト教団体 Caritas など連帯経済を支える様々な組織も多数現われてきた。ルーラ政権は、2003年、労働雇用省内に国家連帯経済局を設置し、連帯経済の発展を促進してきたが、ローカルなレベルでも、ポルトアレグレ市やリオ・グランデ・ド・スル州、サンパウロ市など支援プログラムが設立されている。さらに、大学間労働研究ネットワーク（Fundação Unitrabalho：Rede Interuniversitária de Estudos e Pesquisas sobre o Trabalho）による学会の支援体制もできている。

　連帯経済は雇用・収入の創出、生活水準の向上を具体的目的としており、目的達成の方法として、工芸活動が推進されることが多い。連帯経済を必要とする地域やコミュニティは、農村や都市の貧困地域であり、社会的条件や教育にも恵まれていない人々が多い。収入を得る手段が限られていることから、地域にある文化資源や自然資源を活用できる工芸品の生産・販売が最も身近な経済活動となっている。ブラジルでは近年 NGO や NPO などによる活動が活発化しており、連

帯経済の考えをベースにしたNGOやNPOによる工芸活動が注目されている。アメリカのジョンズ・ホプキンス大学の調査によると1998年にブラジルのNGOは25万人を超え、予算の総計はGDPの1.5％の規模に達し、120万人の雇用を提供している（ブラジル日本商工会議所編［2005］p.59）。社会的経済の実践や社会的活動を行うNPOやNGOの中には工芸やアート、デザインに係る活動も多く含まれ、インターネットなどを通しての商業活動を展開していることが多い。

　例えば、Artesanato Solidário（連帯工芸）は、雇用・収入創出、伝統工芸の蘇生を目的とした市民社会組織であり、ブラジル零細小企業支援サービス（SEBRAE）、国家統合省、観光省、銀行など財政的パートナーの他、様々な団体・個人と技術的・文化的に連携しながら活動を行っている。17州の貧困地域において98のプロジェクトを展開、5,000人以上の工芸職人を巻き込んだ活動となっている。この団体では伝統工芸品の商業活動をサンパウロにあるショールームやウェブサイトで行っており、500品目以上の商品を取り扱っている。このNPOで技術コンサルタントを務めるシルヴィア・ササオカ（Silvia Sasaoka）は、「収入や雇用の創出だけでなく、文化的アイデンティティ・文化的知識の回復、環境教育、市民力の強化も目標になっている」と、工芸活性化の意義を指摘する。Arte Criolaプロジェクトは、貧困地域の収入を増やし、人種的不平等をなくすため、ONG（オンギと発音、ポルトガル語でNGOを指す）Criolaによって実施された工芸プロジェクトで、アフロ系ブラジル人女性たちが工芸活動を通してアフロブラジル文化を表現するものとなっている。ONG Criolaはもともと、黒人女性の厚生のために厚生省や社会的企業団体などの財政的支援を得てつくられたものであったが、工芸の生産、商品化を目指し、工芸職人協会を設立。工芸職人の力量向上のための活動を展開し、イベントやフェアなどでの製品の普及に努めてきた。26人いる工芸職人により、45種類近くの製品を製造している[3]。ONG Orientavida[4]は、1999年、雇用創出を目指した4人の

写真2-3　Artesanato Solidárioのサンパウロ市内のショールーム　　　（筆者撮影）

女性によって、サンパウロで創設された。150人の手工芸家を巻き込んだ活動を展開している。クッションやバッグなどを製品化、販売しておりサンパウロ・ファッションデザイン・ウィークのための刺繍製品で、月1,100レアル(約440ドル)の収入を得るようになった。7人の女性によるグループ Mundareu[5]は、工芸の文化的・社会的包摂を目指し、2001年に結成された。現在は70の工芸生産グループとエコロジーを追求した活動を展開している。活動の中には、300%の収入アップを実現させたケースもある。

　最も古典的な連帯経済の活動主体である協同組合でも工芸活動が多くみられる。2006年における協同組合の数は、全州で7,363団体(1990年代に3,340団体増加)、組合員は650万人を数え、19万5,000人の直接雇用を生んでいる。全国の協同組合を代表するブラジル協同組合機構(OCB：Organização das Cooperativas Brasileiras)は1971年設立され、現在では農牧業、消費、クレジット、生産、健康、労働など13分野に分類されている。生産分野で工芸の協同組合は11団体存在する他、他の分野でも工芸活動に係るものが存在する[6]。

地域活性化・中小企業活性化のための工芸活動

　地域活性化、中小企業活性化は持続可能な発展の重要な要素として、先進国、途上国を問わず重視されている。ブラジルでも、経済の脆弱性の是正などを含め、中小企業の役割を重視し、政策の重点として捉える動きが強まっている。特にSEBRAEを中心として中小企業活性化への支援が目立っており、全地方で活動が強化されている。地域活性化や中小企業活性化はまた、地域間格差や多くの社会問題解決のための手立てとしても重要であり、ブラジルにとっては、二重の意味で重要な動きとなっている。地域活性化や中小企業活性化のためのデザイン活動や工芸活動にかかわるプロジェクトが多く実施されている。

　例えば、サンパウロ州バリ・ド・リベイラ(Vale do Ribeira)のバナナ農産業の残滓物を活用した工芸プロジェクトは、地域活性化と地域の問題解決に結びついた例である。サンパウロ大学農学部がサンパウロ州経済開発科学技術局からの助成を受け、1991年に経済的オルタナティブとして始めたものであるが、その後、行政機関、NGO、国・州・市レベルの公共機関、民間基金などによる連携事業となった。社会・経済的に問題を抱えるこのバナナの産地では、年間180～200

トン／ヘクタールのバナナの残滓物が排出されていたが、生物多様性保全優先区であり、経済開発には制限のある地区であった。プロジェクトによる工芸製品の生産活動は、工芸技術の保全や農家の収入増加につながり、様々な賞を受賞することになった。1998年には国際家具展ミラノ・サローネにも展示されている (Garavello,G Molina [2006])。このプロジェクトの成功を手本として、同様のプロジェクトが他の地域でも実施されている。また、ペルナンブコ州のサント・アゴスチーニョ（Santo Agostinho）岬のプロジェクトは、地域の陶芸製品のグローバル市場での差異化を目指したものである。経済活性化だけでなく、地域文化のアイデンティティの強化、伝統知識の保全、若者の雇用、工芸職人の育成も目標としており、天然ガスを使った窯の使用など環境への配慮も特徴となっている (Cavalcanti, et al. [2006])。SEBRAEの工芸プログラムによる工芸活動も、アマゾンのインディオコミュニティで行われたプロジェクト、マラニョン州の観光地で行われた地域の自然繊維を活用した工芸製品のプロジェクトなど全国各地で見られる[7]。

伝統工芸とモダンデザインの交流

工芸活動はもともとモダンデザイン以前のデザイン活動であるといえるが、近年ブラジル・デザイン界の伝統工芸・伝統文化への関心は高く、個人デザイナーの制作活動やデザイン団体のプロジェクトなどにおいて、モダンデザインと伝統工芸の融合・交流が活発化している。例えば、テキスタイルデザイナーのレナート・インブロイジ（Renato Imbroisi）による工芸活動は有名で、ブラジルの貧困地域の工芸品に着目し、コミュニティと共同作業をしながらモダンな工芸製品を生み出している（http://www.renatoimbroisi.

写真2-4 StraaTのプロジェクトでコラボレーションしたシルヴィア・ササオカ（右）とデザイナー（中央）、木工職人（左） (StraaT提供)

com.br／アクシス［2006］p.31)。現在までに実施した140のプロジェクトでは、出来上がった工芸製品を市場に参入させるルート開拓や販売活動も行い、取り組みに賛同するデザイナーたちと活動の場も広げている。また、Artesanato Solidário の技術コンサルタントでもあるシルヴィア・ササオカが2004年に立ち上げた StraaT（ストラート）は、デザイナーと工芸職人の連携によるサスティナブルな製品を扱う会社である。先端デザインと低収入コミュニティへの支援を融合させた活動による製品は、オランダのドローグデザインやブラジルのアーティスト、大学など、国内外との様々な連携によって生み出されている。ササオカは、「伝統工芸に興味をもっており、日本の民芸運動も含め、伝統工芸の研究を行っている」と言う。CraftDesign は、選ばれたデザイナーたちの新しいコレクションをセメスターごとに紹介する組織で、小売業、建築家、装飾家などを対象とした、工芸レベルの新しいトレンドが見られるビジネスイベントを開いている。イベントでは、自然繊維を使用している企業の特集を組むなど、サスティナブルデザインや社会的責任を持つデザインにも注目している[8]。

ファッションデザインでの手工芸の活用

サンパウロ・ファッション・ウィークは、そのレベルの高さで世界的な注目を集めるようになった。2006年1月に開催10年（20回目）を迎えた秋冬コレクションでは、約3億円の経費がかけられ、ロンドン、ミラノ、ニューヨーク、パリにつぐ規模となった（BUMBA Editora［2006］No.27, pp.34-35)。ファッションは、国内的にも TV ドラマとの連携、スーパーモデルの存在などにより、市民の注目度が一番高いデザイン分野となっている。2003年に5人のメンバーで結成されたブラジル・ファッションデザイナーズ協会（ABEST）は、2012年現在、56名のデザイナーが加盟している[9]。ブラジル輸出振興庁（APEX）との連携によって2003年から欧米や中東、日本など海外進出を果たし、メンバーによる輸出総額は2005年には1,500万ドル（38カ国）になり、2008年には2,000万ドル（48カ国）に達している。ビーチサンダルをハワイアナス（Havaianas）として世界ブランドに育て上げたことで有名な、元 ABEST 副会長のアンジェラ・平田は、「ブラジルのファッションのオリジナリティは、他の国がまねできない"ブラジルらしさ"。ブラジルは様々な人種の文化が混ざり合い、協調し合って存在する

国で、それが独自性になっている」と言う。「ABEST の結成と APEX の海外進出の資金援助のおかげで、継続的にブラジル・ファッションを世界に発信することができた」と指摘する。

　政府はまた、アパレル・テキスタイル分野の輸出振興政策を打ち出し、APEX とブラジルテキスタイル・アパレル業協会（ABIT）が連携して、TEXBrasil という輸出振興プロジェクトを実施してきた。見本市などでは、2004年までに302人の外国人ジャーナリストを招待するなど、ブラジル・ファッションのイメージの向上、国際的普及に努めてきた。2005年時点では、テキスタイル・アパレル産業の生産額は全GDPの5％、加工業におけるシェアは17.1％、雇用者数160万人（加工業で2番目、8割が女性、3万以上の関連企業、220億ドルの市場と推計されている）で、22億ドルの輸出額はブラジルの輸出全体の3％で、2,000社が参加、テキスタイル世界8位、既製服世界7位の生産高であった（内8％が輸出用）（Instituto de Estudos e Marketing Industrial Ltda［2006］）。

　アパレルは世界市場として最も成長している分野であるが、創造性が要求される、最も付加価値の高い分野でもある。ブラジル・ファッションの特徴として、ラグジュアリーなデザインを実現するための伝統的手工芸の活用がある。伝統的手工芸は天然素材を使用しており、ほとんどがエコデザインとなっている。例えば、パンタナル地方の服飾メーカー組合の場合、特産動物や植物からの色料、インディオの手工芸品のアクセサリー（動物の骨、牛の角、魚の皮等）を活用し、その利益の一部は環境保護政策に還元されている（ブラジル日本商工会議所編［2005］p.169）。Dois Pontos は、農業開発省の「ブラジルの才能：Talentos do Brasil」プロジェクトによるファッションコレクションであるが、2007年1月、リオのファッションフェアでの展示を実現させた。パライーバ州の5地域のコミュニティによる刺繍、レースを使ったバッグ、シャツ、衣類の150品目の製品で、同様の活動は、アマゾナス、ミナスジェライス、

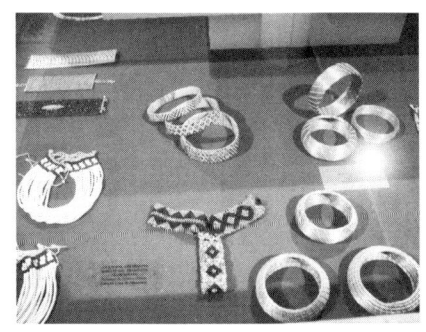

写真2-5　自然素材や伝統技術をベースにしたアクセサリー　　　　（筆者撮影）

第2章　ブラジル：デザインと工芸の融合―― 41

バイーアなどの州において、2,000人以上の手工芸職人を巻き込み、40以上の市町村で行われている。このプロジェクトは、農家の副業工芸とブラジル・ファッションの結びついたものとなっており、自然繊維からオパールまで伝統的素材を使用した製品開発を行っている。プロジェクトの市場コンサルタントによると、手工芸職人の月収は50レアルから300〜500レアルに上昇、2006年には4つのビジネスフェアに参加し、26万レアル（約10万ドル）の売り上げを達成した[10]。

　ファッションの世界は衣類だけでなく、アクセサリーやバッグ、靴などの需要も大きく、ブラジルのポテンシャルも高い。ナショナル・アイデンティティの形成に向けた取り組みも多く見られ、ビジネスとしても成功を収めている。FAAP大学でファッション分野のコーディネーターをしているイヴァン・マルコス・カミナダ（Ivan Marcos Caminada）教授は、伝統工芸のレース編みをイヤリングのデザインに応用した写真を見せながら、「このすばらしい美しさは、伝統工芸の応用によるもので、新しいブラジル独自のデザインが実現されている」と伝統工芸への着目が新しいブラジル独自のデザインを生み出している様子を説明する。バッグなどのデザインでは、有名企業、大企業のために働くのではなく、自分の小さな工房で製品開発を行うデザイナーが増加している。DollやSerpui Marieなどのブランドはその代表で、ハンドメイドを強くアピールした製品がすでに評価され、輸出されている。これらブランドのハンドメイド製品は、NGOたちと連携した社会活動にもなっている（Associação Objeto Brasil［2005］p.85）。アクセサリー・宝石細工の分野のレベルも高い。1990年代にブラジル品質・生産性向上プログラム（PBQP）、ブラジル宝石・貴金属インスティテュート（IBGM）などによる振興活動を中心に、国家科学技術開発審議会（CNPq）、国立職業訓練所（SENAI）、SEBRAEなどが連携し、大学に専門コース、デザイン賞を設置するなどインフラ強化を行ってきた。APEXとの連携で、アクセサリーの輸出支援も行われており、数々の世界的な賞の受賞を通して、市場の評価も高まっている（Associação Objeto Brasil［2005］pp.93-97）。

ソーシャルデザイン・エコデザインを目指した活動

　近年、デザイン系学生、卒業生の間で活発化しているのが、ソーシャルデザインやエコデザインの推進を目的とする工芸品生産・販売活動や起業である。例え

ば、Design Possívelはブラジルのマッケンジー長老派大学とイタリアのフィレンツェ大学のインダストリアルデザイン科の学生たちがMonte Azul他のNGOと連携して2004年に設立されたソーシャルデザイン、エコデザインの生産・販売の共同事業である。デザインを社会変化を起こすためのツールと見なし、貧困コミュニティの収入増加などを目標として活動している[11]。FAAP大学の卒業生でデザイナーのアイラ・キタハラ（Ayra Kitahara）は、「Design Possívelのような取り組みが、数年来デザイン系学生の間で注目されている」と指摘する。

このような学生や卒業生の工芸を通しての活動を最も象徴するのが、2006年にブリティッシュ・カウンシル主催の国際若手デザイナー起業家賞を受賞したFAAP大学インダストリアルデザイン科の卒業生パウラ・ディビ（Paula Dib）の起業である。彼女の会社「Trans.Forma[12]」は、サスティナブルデザインのコンサルタントをしており、ブラジルの地方部の貧困コミュニティの工芸プロジェクトを専門に行っている。製紙メジャー企業との仕事として、バイーア州南部のユーカリのプランテーションコミュニティが生産する工芸品の開発にも携わっている。ユーカリの残滓物を利用し製品を開発するもので、このプロジェクトの成功は、バイーア州やサンパウロ他のコミュニティでも模倣されている[13]。

工芸フェア・イベント

毎年ベロ・オリゾンテで開催される国民工芸フェア（エクスポ・ミナス）は、ラテンアメリカで最大の工芸フェアである。1989年に、60のブース、200の出品者でスタートした。2006年には、国内外から8,000の出品者（952のブース）が参加、17万人の入場者（1万5,000人の観光客）が訪れ、6日間で1,430万ドル以上が取引された。フェアは工芸家・工芸職人が直接海外バイヤーとビジネスする機会を提供し、工芸の輸出は毎年増加している。2006年は125万ドルの輸出を生み出した。このフェアでは海外市場に大きい潜在力を持っているハンドクラフトデザインという現代的デザインのエリアもつくられており、セミナー、レクチャー、ワークショップなどもプログラムに組み込まれている。また、起業環境をつくるビジネス、パッケージ会社、外国語の通訳者、展示用のデジタル情報技術など、他分野のイノベーションももたらしており、医療、託児所、コンサート、レストラン、運送業者など多くのサービスが、外部経済効果を創出している。このフェ

アは、開発商工省のブラジル展示会・フェア・カレンダーの一部であるが、同時に文化推進法（Lei de Incentivo a Cultura）による文化省のイベントでもある[14]。また、参加した輸出工芸職人の63％が組合などに組織化されており、運営には協同組合活動が深くかかわっている（VOX POPULI [2006]）。ブラジル国内には、観光や他の事業と連携した工芸フェア・イベントが大小様々な形で存在する。

（2）　工芸活性化とデザインの工芸化が意味するもの

　ここでは、前節で述べた工芸分野の活性化の状況を持続可能な社会形成という観点から考察するため、まずその特徴について明らかにし、その上で、持続可能性との関係について考えてみたい。

　ブラジルにおける工芸分野の状況は、よく見るとそれぞれの活動がある種の共通項で重なり合っており、いくつかの特徴点を見出すことができる。第1に、ほとんどが連帯経済の考えを基礎にした社会問題解決のための活動になっていることである。ブラジルでは連帯経済の考えが急速に広がっており、一般市民の貧困問題や格差問題への意識は高い。工芸活動は、他の資本を持たない貧困地域における雇用・収入の創出の有効な手段として考えられており、社会的包摂と深く結びついた活動となっている。第2に、サードセクターといわれるNGO、NPO、組合、団体、機関が活動の中心になり、活性化が進んでいるという特徴がある。この中にはデザイン関係の団体も多く含まれている。第3に、NGOであれ、工芸職人であれ、デザイナーであれ、起業や商業活動と一体化しているということがあげられる。雇用や収入を目指す工芸活動が主流である以上、商業活動と一体化する必要性が生じる。工芸技術の向上以上に、販売経路の開発やマーケティングなど商業活動は重要となる。連帯経済におけるフェアトレードへの取り組みやICT活用、またフェアやイベントが起業化を促進している面も数多く見受けられる。ブラジルは起業率が高い国として有名であり、2001年、イギリスのGlobal Entrepreneurship Monitorがまとめた調査によると、新規事業に携わった個人の比率がアメリカよりも高い（二宮康史 [2005] p.101）。デザインや工芸に関係する活動が、社会的企業やNPO、小さな規模の起業にマッチしている側面も見逃せない事実だ。第4に、工芸活性化が新しいデザインの流れを作り出していることである。ファッションデザインは、工芸の表現・技術を基に多様なデザイ

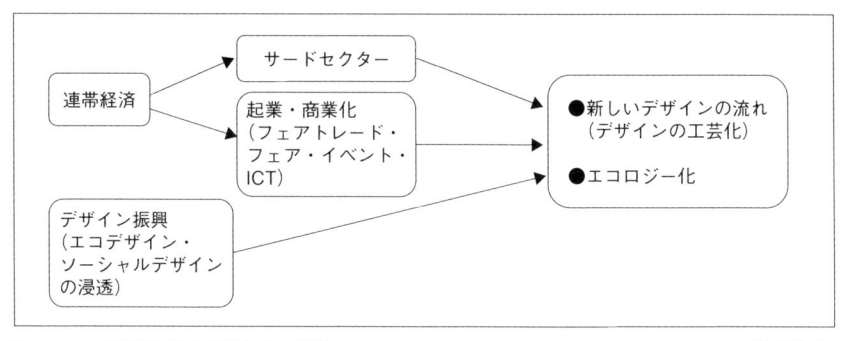

図2-1　工芸活性化の特徴とその関係　　　　　　　　　　　　　　　　（筆者作成）

ンや新しい価値を創出し、ブラジル・デザインの独自性を生み出している。ファッション以外の分野でも、工芸とモダンデザインとの融合が見られ、大量生産型ではないデザイン活動が展開されている。量産の規模にかかわらず、手工芸の表現、知識・技術、地域の素材等を取り入れた産業デザイン活動が活発化しているとともに、産業デザイン活動によって、手作り、手仕事による工芸の価値が高まっている状況が見て取れる。産業活動としては、必然的に小ロット生産になることが多いが、デザイン活動がモダンデザイン以前の工芸活動に戻っているのではない。工芸のエッセンスを取り入れた製品づくりは、「デザインの工芸化」ともいうべきデザインの新しい流れを生み出しているのである。エコデザイン、ソーシャルデザインと深く関わった「デザインの工芸化」は、デザイン活動に社会的目的、つまり社会性を持ち込むものでもあり、「デザインの社会化」と言い換えることもできる。第5に、地域の自然素材や技術を生かした活動がほとんどであり、手仕事であることから、環境負荷が少なく、エコロジー化を促進する活動になっていることである。これら特徴の関係は、図2-1のようにまとめることができる。

　次に、これらの特徴が、ブラジルの課題、つまりブラジルの持続可能な社会の形成という課題に対してどのような意味があるのかを考察してみたい。

　第1の特徴である連帯経済の実践は、もともとブラジルの課題である失業問題や貧困問題、格差問題など社会問題の克服を目指すものであり、工芸活動の活性化はこれらの問題の緩和や社会包摂の取り組みになっている。その実践形態は、必然的に中小零細企業を活性化するものとなっており、産業の多角化につながっ

ていると考えられる。第2のサードセクターによる工芸の活性化は、連帯経済の実践を支えるなど、市場セクターでは困難な社会包摂や社会問題解決への取り組みとなっている。また、生産に柔軟性をもたらすサードセクターの活動は、大企業ができないものづくりを活性化するものであり、零細小企業活性化や産業の多角化につながっていると考えられる。第3の起業・商業化との一体化は、雇用・収入の創出を意味しており、失業、貧困などの社会問題の緩和につながっている。また、特にICTやフェアトレードの活用などを通した起業・商業活動は工芸製品の生産・販売を容易にする役目を担い、量産製品にはなかった独自の価値の創出を活発化させている。独自の価値を持った工芸製品の生産・販売は、中小零細企業の活性化を促すものであり、産業の多角化につながるものであろう。第4の新しいデザインの流れは、伝統文化の保全に役立ちながら、新たな価値を生み出すものである。ファッションなどの製品化により経済的効果を生み出しているデザインの新しい流れは、文化的価値の高い製品づくりや製品力の強化を実現するものであり、中小企業の活性化や輸出や産業・経済の多角化につながるものであると考えられる。また、サードセクターや連帯経済とも深く関わっており、社会問題の緩和や社会包摂の実践につながっている。さらに、新しいデザインの流れは大量生産・消費型でないことから、従来に比べて環境負荷の少ない生産形態を特徴としている。第5のエコロジー化はブラジルの課題である環境問題の緩和につながっている。

　以上のことから、5つの特徴は、社会問題の緩和（社会包摂）、伝統文化の保全を含む価値創造、中小零細企業の活性化を中心とした産業・経済の多角化、環境問題の緩和（環境保全）を促すものであり、それらはブラジルの課題に幅広く貢献し、様々な面で持続可能性を高める要素であると見なすことができる。つまり、ブラジルにおける工芸分野の活性化は、持続可能な社会形成に貢献するものであると考えられる（図2-2参照）。もちろんブラジルは多くの問題を抱えており、他国との比較で言うならば持続可能性のレベルは決して高くはない。全ての工芸プロジェクトが成功している訳ではなく、連帯経済の実践自体にも限界や問題点が指摘されている（小池洋一［2006］、Pochmann［2004］など）。市場経済の中では、その活動領域も限定され、大企業が生み出す経済規模に比べれば微々たるものである。しかし、経済より社会を重視する連帯経済というフレームが、デ

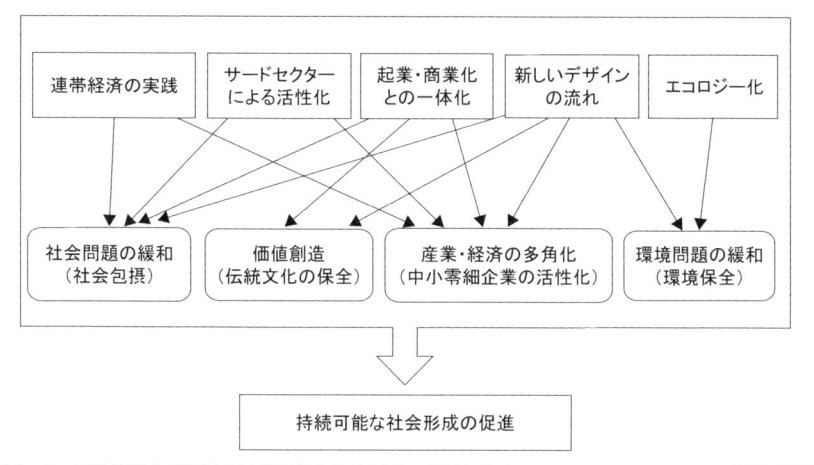

図2-2　工芸活性化の特徴と持続可能な社会形成から見た意味　　　　　　　　　（筆者作成）

ザイン活動に社会性を回復させ、持続可能性にかなったデザイン活動を生み出しているという事実は今後のデザイン活動を考える上で重要であり、デザインの工芸化が、新しいデザインの流れや新しい製品づくりに結びついている事実は、先進国が行ってきた大量生産型デザイン活動のオルタナティブとして意義のあるものである。さらに、デザインの工芸化は、連帯経済自体を強化する可能性も高い。ブラジルにおけるデザインの工芸化は、様々な側面から持続可能な社会形成に貢献していると考えられる。

４．デザインの工芸化と関連する振興政策
（１）　主な振興政策

ブラジルの工芸活動と融合したデザインの活況は、前節でも見てきたように、様々なレベルでの政策、様々な主体による取り組みによる。ブラジルのデザイン活動の新しい流れ、デザインの工芸化に影響を与えたと考えられる主な機関とその具体的取り組みを次にまとめた。

開発商工省
（Ministério de Desenvolvimento, Indústria e Comércio Exterior）
開発商工省にはデザインを振興させるためのプログラムと工芸を振興させるプ

ログラムが存在する。

・PBD（Programa Brasileiro do Design）ブラジル・デザイン・プログラム

工業近代化政策を背景として1995年、連邦政府と約100の民間団体の連携事業としてブラジル・デザイン・プログラム（PBD）が開発商工省内に創設された。特に、木工・家具、皮革製品、履物、テキスタイル・アパレル、宝石・アクセサリーなどの製造分野に力を注ぎ、国内家具のコンクールの開催、海外デザイン賞への応募支援、フォーラム、知的財産権に関する刊行物出版などのプロジェクトを通して、デザイン振興に取り組んできた[15]。2005年よりPBDの一環として、国立職業訓練所（SENAI：Serviço Nacional de Aprendizagem）、SEBRAEと連携し、「ブラジル・デザイン（Brasil design）」というデザイン・ウェブサイトが創設された。デザイン関連のデータを網羅して、全国のデザイン分野の多様な活動の統合や共同を促進する働きが期待されている[16]。ブラジル製品のアイデンティティ、デザイン力を強化するための一環として、ブラジル競争力強化運動（Movimento Brasil Competitivo：MBC）がイニシアティブをとり、2006年に第1回デザインビエンナーレ展が開催された。展示では文化的ルーツと製品への影響がわかるように、また環境的視点からも計画され、フォーラムなども同時に開催された。

・PAB（Programa de Artesanato Brasileiro）ブラジル工芸プログラム

工芸製品の商品化の推進、工芸職人協会・組合など生産拠点の強化を目的として創設された。前身として1977年に労働省内に工芸開発プログラムがあったが、1991年、社会活動省内にブラジル工芸プログラムとして受け継がれた。1995年には、産業省、商業省、観光省の連携プログラムに再編され、現在は開発商工省のプログラムとなっている。零細・小企業セクターの方針をベースに、雇用・収入の創出、輸出振興、地域資源の活用、地方生産クラスターの強化、国際化などを推進している。2000年〜2001年に、各州計108カ所に

写真2-6　第1回デザインビエンナーレ展での工芸作品の展示　　（筆者撮影）

工芸生産拠点（Nucleos Produtivos de Artesanato）を設置し、各州・市や民間団体、NGO などとの連携を推進している。工芸品商品化のためのフェアやイベントの推進、工芸賞の創設、観光と結びついた工芸生産のプロジェクト、マーケティング振興などを行っているが、2005年に設置されたブラジル工芸フォーラムを中心に、政策形成の議論を含め、PABの活動を強化している[17]。

ブラジル零細小企業支援サービス
（Serviço Brasileiro de Apoio às Micro e Pequenas Empresas：SEBRAE）

　零細小企業の支援機関である SEBRAE は、全州に支部を置き、国内に600以上のサービスエージェントのネットワークを持っている公益民間団体である。ブラジルでは、全企業数の99％が従業員500人以下の小企業で、2003年の資料によると、インフォーマルセクターを含めない就業者数は2,055万6,590人である（二宮康史［2005］p.99）。そのため、中小零細企業強化の産業政策が重視されており、社会開発とも連携した取り組みが行われている。デザインに関わるプログラムには、零細小企業技術支援プログラム（PATME：Programa de Apoio Tecnológico às Micro e Pequenas Empresas）、ビア・デザイン（Via Design）がある。PATMEでは、大学および研究所テクノロジーセンター（Centro Tecnológicos e Univercidades ou Instituições de Pesquisa）と連携して、コンサルタントサービスを提供している。デザイン・プロジェクトには15程度の形式があり、コストの70％がSEBRAE から補助される。人間工学、製品の改良、工芸製品の技術向上など技術的支援を主な内容としている。また、ビア・デザインは、デザインへのアクセスを容易にしていくためのプログラムで、各地方に15のデザインセンター、85のイノベーション・デザイン拠点、および工芸品デザイン事務所などが設置されるなど、ネットワーク強化の取り組みも行われている。さらに、工芸プログラムも存在し、工芸品の商品化を進め、伝統や技術の保全活動なども行っている。例えば、SEBRAE サンパウロでは、デザイン NGO などとの連携により、「サンパウロ工芸のイノベーション・デザイン拠点（Nida sp）」が2003年創設された。ここでは将来を考えて、工芸素材・技術、NGO、小売業者、配給者、ナショナルフェア、工芸製品プロジェクトに関する国際情報などのデータベースも創設している。

デザイン・工芸活動にも広く関わるものとして、2002年に始められた「ブラジルの顔：CARA　Brasileira[18]」プログラムが存在する。ブラジルのアイデンティティの強化を戦略的に推進するもので、各地域のマッピングやファッション、観光分野他のビジネスに応用できる「ブラジルらしさ」の基礎研究なども含まれている。この基礎研究は、文化領域での小企業の活性化を目指し、文化財のイノベーションの活性化や文化財を基礎とした経済活動を推進することが目標となっている（Braga Christiano [2003]）。また、SEBRAEでは、起業家プロジェクト（Projeto Empreendedor）などのプログラムによる起業の推進や、フェアトレードの推進も行っている。

・その他のデザイン振興プログラム・機関等

　PBDとの連携により、州レベルのデザイン振興プログラムも存在する。バイーア・デザイン・プログラム（1996年～）もその１つである。バイーア地方は、黒人の多い貧困地域として知られている。プログラムは、地域の企業にデザインを浸透させるとともに、バイーアの工芸の価値を高め、工芸の再活性化を目指すものであり、バイーア州の商工鉱業局、工業連盟、科学技術企画局、文化観光局、労働社会活動局、開発銀行、技術工業研究所ブラジル協会、商業連盟、国立バイーア大学、州立バイーア大学、SEBRAEの代表者による委員会によって組織されている。2000年にこのプログラムの中から、Costa do Descobrimento地域の収入を増加させるため、「デザインと工芸」プロジェクトが立ち上がった。自立可能な発展のためのオルタナティブとして、北東部観光開発プロジェクトなどとも連携した地域振興プロジェクトにもなっている[19]。また、SENAIによるイノベーションおよびデザインマネージメントプログラムも存在する。その他、科学技術省による研究・プロジェクト融資（Financiadora de Estudos e Projetos：FINEP）システム、国家科学技術開発審議会（Conselho Nacional de Desenvolvimento Científico e Tecnológico：CNPq）の基金も開発商工省のデザイン関連プロジェクト実施の財政に寄与している。さらに、デザイン関係の振興機関としては、ブラジル・デザインのウェブサイトの運営を含め、様々な形でPBDに協力しているNPOのパラナデザインセンター[20]（クリチバ）、前身が科学技術省国立技術研究所内の産業デザイン室である科学技術省管轄のデザインセンターリオ[21]（1975年～）、サンパウロ州工業連盟、SEBRAEサンパウロ、サンパウロ州文化科学技

術省などの連携によって創立されたサンパウロデザインセンター[22]（2009年からはSENAI・サンパウロ・デザインに改編）などが存在する。他に、プロダクトデザイナー協会、パッケージ協会など職能団体も様々な振興活動を展開している。

その他の省庁

・労働雇用省では、連帯経済局（Secretaria Nacional de Economia Solidária：SENAES）の中に、3セクター・56団体から構成される連帯経済審議会（Conselho Nacional de Economia Solidária：CNES）が設置されている。連帯経済開発プログラムの中にも工芸に関わるものが多く存在する。連帯経済局の主要な連携機関として、ブラジル連帯経済フォーラムがある。第1回連帯経済国家会議が2006年、農業開発省他との共催で、ブラジリアにおいて開催されている。政府関係、連帯関係団体、市民団体1,073人が集まり、社会正義、民主主義、持続可能な発展・構築のための役割を確認した[23]。

表2-1　デザインの工芸化に関わる主な振興政策

省庁・機関	プログラム等	目的・機能
開発商工省	・ブラジル・デザイン・プログラム	デザイン振興 地方との連携
	・ブラジル工芸プログラム	工芸振興 ネットワーク
ブラジル零細小企業支援サービス（SEBRAE）	・ビア・デザイン	デザイン活動推進 デザインセンター ネットワーク
	・零細小企業技術支援プログラム	技術支援
	・工芸プログラム	工芸振興 工芸拠点
	・「ブラジルの顔」プログラム	アイデンティティ強化 ブラジル文化研究
	・その他	起業化促進 連帯経済推進 フェアトレード促進
労働雇用省	・連帯経済局	連帯経済促進
農業開発省	・「ブラジルの才能」プロジェクト	農家の工芸生産推進
科学技術省	・社会的包摂のための科学技術局	社会包摂技術推進
文化省		文化的多様性の保護・推進

（筆者作成）

・農業開発省では、家族農業局（Secretaria de Agricultura Familiar）によって「ブラジルの才能（Talentos do Brasil）」プロジェクトが実施されている。農家の工芸生産を奨励するもので、ファッションデザイン分野の製品化を行っている。
・科学技術省内にある社会的包摂のための科学技術局は、生活の質の向上、雇用・収入の創出の活動を通して社会的包摂を推進するため、ルーラ政権によって創設された。アーティキュレーター、コラボレーション、ネットワーク強化などの社会的技術の振興を目指し、社会的包摂、社会開発のための科学・技術・イノベーション・プログラムが実施されている[24]。
・文化省では、文化的多様性の保護・推進を重視した取り組みを中心にしている。
これらの主なものをまとめたものが、表2-1である。

（2） デザインの工芸化を生み出す2つの流れ

ブラジルでの工芸活性化やデザインの工芸化に係る政策について考えるときもまた、いくつかの特徴がうかがえる。第1の特徴は、直接工芸やデザインに係る産業政策プログラムだけでなく、雇用労働省、農業開発省、国レベルから市町村レベルに至るまで様々な省庁、機関・団体が、社会政策として工芸活性化へのインセンティブとなるプログラムを行っていることだ。雇用や収入の創出、文化アイデンティティの強化、伝統文化・技術の保全、環境保全、中小零細企業活性化、起業の促進、観光産業の活性化、社会的包摂、地域格差是正、人種問題の解決、男女平等、障害者の権利の順守、児童労働の撲滅など様々な目的が、工芸活動に寄せられた期待であり、産業政策、社会政策を中心に文化や環境に係る範疇まで巻き込みながら、相互的に作用している構図が見て取れる。第2に、様々な政策によって、ブラジルでサードセクターと呼ばれるNGO、NPO、協同組合、社会的事業団体、社会的企業などが、工芸分野の活動を率先する構造になっているという特徴である。連帯経済の考え方はもともと市場・政府セクターではできないことを市民社会力によって克服するものとなっているため、連帯経済局のプログラムでは組織的にもサードセクター中心となっている。ブラジルでは社会問題解決のため、サードセクターの存在は決定的に重要であるが、工芸分野の方から見てもサードセクターの関与は必要不可欠になっている。また、デザインセンターやデザイン関係団体としてもNGO、NPOが多数存在する。第3に、デザイン

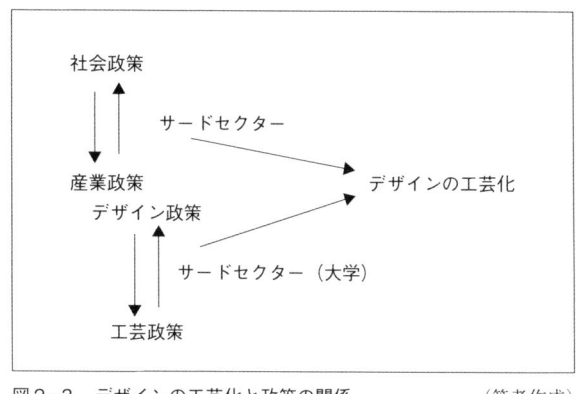

図2-3 デザインの工芸化と政策の関係　　　　（筆者作成）

振興と工芸振興が同時に行われ、それらが交流・連携することによって、どちらにも影響やメリットを与えるようになっている点である。この交流・連携が、ブラジルのデザイン活動の特徴でもあり、工芸活動の特徴ともなっている。

これらの特徴を見ていくと、2つの流れが存在することがわかる。1つは、開発商工省とSEBRAEを中心とする産業政策と、労働雇用省を中心とする社会政策がそれぞれサードセクターの活動を通して影響を与えている構図である。もう一方の流れは、産業政策の中にあるデザイン政策と工芸政策がそれぞれNGOや大学などを含むサードセクターを通して影響を与えている構図である。これらの流れをデザインの工芸化の状況に重ね合わせると、図2-3のようになり、産業政策と社会政策、デザイン政策と工芸政策が、サードセクターの活動を通して、相互的に現状の特徴や意味を生み出していることがわかる。特に産業政策と社会政策が相互に影響を与え、前節で考察した持続可能な社会形成に貢献できるデザインの工芸化を促している。社会問題が深刻であるがゆえに産業政策と社会政策の連携が進んだともいえるが、もともと経済的問題は社会的な課題と切り離すことはできないはずである。持続可能性を保障する上で、産業政策と社会政策の連携は他国にとっても有効であり、サードセクターを介した交流・連携は、今後のデザイン政策の可能性を示していると思われる。

5．工芸活性化が開くデザイン活動の可能性

ブラジルにおける工芸の活性化は、新しいデザインの流れを生み出し、デザイ

ンの工芸化を促している。デザインの工芸化は、ブラジルの課題に貢献し、持続可能な社会形成のためのデザイン活動の可能性を示していると考えられる。それでは、このデザインの工芸化はデザイン活動自体にとってどういう意味を持つのか。またそれは、文化的価値、文化システムや文化資本との関係において、つまり文化的文脈においてどういう意味を持っているのか。持続可能な社会という観点からデザイン活動の意味や役割を考えるには、これらの検討が不可欠である。

　デザインの工芸化をもたらしている工芸活動の一番の特徴は、本来、表現の多様性が保証されている生産活動であり、創造性の観点からは最もファインアートに近く、芸術性が高いということだ。モダンデザインが成立する以前は、アート、デザイン、工芸にそれほど明確な区別が存在せず、アートと技が一体となった工芸職人の創造性が、製品の多様性や芸術性をもたらしてきた。この芸術性、表現的多様性が、大量生産型ではない芸術的価値を持ったものづくりを可能にする。もう1つの特徴は、伝統工芸を中心に活動の多くが地域性を持っていることであろう。工芸はもともと地域性に根ざしたものであり、地域の文化資源や自然資源とともに発展してきた。そのため、生態系的にも負荷の少ない、いわゆる環境的持続可能性を兼ね備えた活動になっている。地域性はまた、独自性でもあり、文化的多様性を高めている。つまり工芸活動は表現的多様性と文化的多様性という特徴を有している。デイヴィッド・スロスビーは、持続可能性概念を文化資本概念に適応するため、多様性の維持や文化システムの保全などの基準を示している。スロスビーによると、「多様性は文化資本の重要な属性であり……新しい資本を生み出す能力を持っている」。また、「生物的多様性が自然界において重要なものと理解されているように、文化的多様性も文化システムの維持に重要なもの」であると指摘すると同時に、持続可能性にとっての文化システムの保全の重要性を指摘している（Throsby［2001］pp.44-60／スロスビー［2005］pp.78-102）。つまり、多様性という要素を通して、工芸活動の活性化やデザインの工芸化は、持続可能性を高める結果になっていると考えられる。

　デザインの工芸化は、デザイン活動の側から見ると、芸術性や表現的多様性の回復であり、地域性の回復であると考えられる。また、デザイン活動に多様性や地域性を回復することが、持続可能性を高めることにつながることを意味している。大企業による利潤追求型のものづくりはこれまで、本来のデザイン活動から、

製品の多様性や地域性という文化システムにおけるデザイン活動を切り離してきたと言える。また、デザイン活動の経済的埋没は、デザインの文化性だけでなく、社会性も薄めることにつながり、持続可能性に負荷を与えることになった。ブラジルにおけるデザインの工芸化は、デザイン活動の多様性、地域性を回復する試みであり、文化資本を強化し、何よりも文化システムの中にデザインを位置づける活動になっていたと考えられる。また、デザインの工芸化は、社会包摂や社会問題の解決を目指す活動を促進させるものであり、デザインの社会性を回復し、社会システムを持続可能なものへと変化させることにつながった。つまり、持続可能な社会形成のためのデザイン活動の役割は、多様性を回復することによる文化資本・システムの強化であり、同時に社会性の回復による社会システムの強化であると考えられる。

6．多様性・地域性を軸としたデザイン政策

　ブラジルのデザイン政策、工芸政策は、多様性や地域性を軸としたデザイン活動がブラジル・デザインの世界的評価を高めることによって経済的価値を生み出すものであることを実証することになった。また、ブラジルのデザインの工芸化は、デザイン活動の様々な働きを示すことになった。もちろん、ブラジルは多くの問題を抱えており、解決すべき課題の全てにデザイン活動がうまく機能している訳ではなく、デザイン関係の政策や取り組みの全てが成功している訳ではない。例えば、2006年の第1回ビエンナーレ展で同時開催したデザインフォーラムでは、産業界側の参加がほとんどないことに、デザイナー側から多くの不満の声があがった。PBDの代表フェルナンダ・ボコルニー・メシアス（Fernanda Bocorny Messias）、MBC（ブラジル競争力強化運動）の代表のリリアネ・ハンケ（Liliane Rank）など行政側がブラジル・デザインの躍進を強調したスピーチを繰り広げたにもかかわらず、産業界とデザイン界の連携や信頼関係の不在が露呈された形となった。産業界全体へのデザインの浸透や産業界とデザイン関係者・機関の連携は、先進諸国でも難しい。デザイン活動の可能性や意義を理解してもらうには、時間と工夫が必要である。他にも、デザインネットワークの構築や専門教育の質の向上など、政策としてはまだまだ課題があると関係者からの指摘がある。パラナデザインセンターやパラナ連邦大学でも活躍し、デザインブラジルのウェブサ

イトの編集審議会のメンバーになっているデザイナーのナオタケ・フクシマ氏は、「ブラジルは国が広大であるためか、様々な活動や取り組みがあるにもかかわらず、情報が行き渡っていないのが実状。デザイン活動の発展にとって、様々なレベルの交流やネットワークの構築は重要で、もっと進めていく必要がある」とし、「大学院レベルの専門教育の充実も課題」と指摘する。デザインブラジルのウェブサイトは、15,000人以上のユーザーを有し、1日1,300人のビジターがあるとされているが、さらなる進展が期待されている。サンパウロデザインセンターでサスティナブルデザインの推進に取り組んできたファビオ・ソウザ（Fabio Souza）は、「サンパウロデザインセンターのオリジナリティーは、様々な分野の専門家が集まっていることで、素材の活用事例のブックレットの制作などを通して、工芸の活性化やサスティナブルデザインの振興に対し貢献してきた」と、デザイン振興機関が果たしてきた役割を認めながらも、デザイン活動の振興については「国全体の理解と支持が重要だ」と強調する。

　しかし、多様性や地域性、社会性をデザイン活動に埋め込むための政策のあり方について考えるとき、ブラジルの経験は今後の日本にとっても重要な示唆を含んでいる。ブラジルでは、連帯経済や中小企業、サードセクターの発展無しには持続可能性が保障されない。連帯経済やサードセクターと並んで、オルタナティブな社会形成の牽引エンジンとなりうるのが、多様性や地域性を軸にしたデザイン活動だ。多様性が文化的価値を高め、文化的価値が経済的価値を生み出す構図は、連帯経済やサードセクターの実践に貢献している。また、文化の多様性や独自性を維持するためには、連帯経済やサードセクターなどとの連携が鍵となる。デザインの工芸化という傾向は、産業政策だけでなく、社会政策が大きな影響を与えている。ブラジルの事例が示すように、文化的活動、社会的活動、経済的活動の相互依存性は明らかだ。スロスビーは、持続可能性の最も基礎的な原理として、システムの相互依存性を指摘している（Throsby［2001］pp.44-60／スロスビー［2005］pp.78-102）。

　多様性や地域性を生かすためのデザイン政策に求められるのは、第1に、デザイン活動の様々な役割を理解した上で、システムの相互依存性に立脚した総合的政策を確立することである。その際、ブラジルの事例が示すように、社会政策や工芸政策との連携・交流やサードセクターなど市民社会の役割をリンクさせるこ

とが重要だ。アデリア・ボルジェスは、2012年刊行の『デザイン＋工芸：ブラジルの歩み（Design + Artesanato：o caminho brasileiro)』の中で、1990年代中頃からブラジルで１つの現象になっていたデザインと工芸の融合によるものづくりが、起業主義や地域の持続可能な発展を目指したソーシャル・イノベーション、社会的経済、社会関係資本の形成などと密接に関わっていることを指摘している。多様性や地域性を生かしたデザイン活動を振興していくためには、地域のイノベーションや起業を促進する政策との連携が有効であり、地域総合政策としてのアプローチが不可欠であろう。

　レナート・インブロイジは「SEBRAE がブラジル中で工芸とデザインを交流させるプログラムを主導してきた」と指摘する。工芸とデザインの交流で重要な機能を担っている SEBRAE の存在は、地域ニーズとシステムの相互性を前提とした総合支援機関であるという点でも示唆に富む。SEBRAE は、単なる中小零細企業の活性化を目指すのではなく、フェアトレード、協同組合活動など、連帯経済や社会包摂を含む活動の推進から、マッピングを含むブラジルらしさの基礎研究など、文化政策や社会政策に関係する取り組みを取り入れている。また、他機関との連携をはじめ、中小零細企業が多い文化産業への支援や ICT の技術的支援なども取り組みに含まれている。SEBRAE のような地域総合政策推進のファクターとして幅広く柔軟な体制を持っている機関の存在意義は大きいと言えよう。

　第２に、重要なのは文化政策としてのアプローチである。現在、ブラジルの文化省は、創造産業の振興、文化権や文化的多様性の保障を中心とした様々な取り組みを展開している。2011年には「文化の国家計画 Plano Nacional de Cultura：PNC[25]」を打ち出した。PNC は、①象徴的表現としての文化、②市民の権利としての文化、③社会的環境的に持続可能な経済開発のためのポテンシャルとしての文化の３つの側面から考えられており、全州への文化情報や文化指針の浸透から文化セクターのフォーマル雇用の推進、基礎教育カリキュラムへのブラジル文化、文化財などに関する教育の導入などまで、多くの具体的目標を設定している。また、2007年よりスタートした「もっと文化を（Mais Cultura[26]）」プログラムは、市民の文化へのアクセスや文化権を保障するための政策で、ブラジル国内の社会的排除の状況の分析を基に、貧困や社会的不平等などの社会的課題やベ

ーシックニーズに対応するものとなっている。プログラムの具体的な取り組みには、サードセクター（市民社会組織）が関わるようになっている。

ブラジル文化省の方針やプログラムからの示唆の1つは、市民の権利としての文化、つまり文化権のデザイン分野への応用である。社会包摂の概念を内包した文化権を市民生活に確立するための政策が必要となる。オスワルド・クルス大学インダストリアルデザイン科教授のルイス・エミリアーノ・コスタ（Luis Emiliano Costa）は、第1回ブラジルデザインビエンナーレで展示されている様々な工芸品を前に、「今までこれほどブラジル工芸の豊かさが語られたことはない」と、工芸活動の興隆を賞賛する。「様々な機関・団体が工芸活動を支援しているからだ」とも指摘する。ブラジル工芸の特徴は大衆性とハイブリッド性にあると言われている。経済活動から取り残されていた人々や工芸が、新しい文化的価値を生み出すものとなったことは、持続可能な社会形成にとって意味のあることである。しかし、工芸職人たちの作り出す文化資本が、社会全般に恩恵を与え、彼ら工芸職人を含む市民全体の文化にアクセスする権利、つまり文化権を保障するものでなければ、独自の文化的価値を生み出す文化システムを維持することは難しいだろう。全ての市民がより良い文化の享受者となること、平等に文化にアクセスできること、社会全体の生活の質の向上を実現させることができてこそ、文化システムがより持続可能なものになるはずだ。Artesanato Solidárioのシルヴィア・ササオカは、デザイン活動のヒエラルキー的構造をピラミッド型の図を見せながら指摘する。「デザイナーと地方の工芸職人の連携で、貧困地域の状況は改善されてきている。しかし、この国のデザイナーのほとんどが裕福層の出身で、質の良いデザイン製品の恩恵を受けているのは、基本的にはピラミッドの頂点にいる裕福層に限られている。貧困地域で工芸品をつくっている人たちはピラミッドの底辺にいる人たち。この不平等な状況を変えていく必要がある。中には、Artesanato Solidárioの取り組みを通して、大学で専門教育を受けることができた貧困家庭の若者もいるがごく少数だ」。日本にはまだブラジルのようなレベルの格差問題はないと考えられているが、基本的に文化権を確立できていない状況は変わらない。例えば、実際には、経済的理由によりデザイン専門教育機関への進学を断念する若者も多くいる。だれでもいつでも能力や意欲に応じて、デザインの専門教育や研修を受けられる体制は文化権の確立に関わる手立てとして、今

後日本でも必要になってくるのではないだろうか。

　文化権を確立する上で前提となるのは、市民の文化への理解、ここではデザイン活動への理解である。多面的な役割や意味を持つデザイン活動自体への理解が不可欠だ。多様性や地域性のあるデザイン活動を推進するには、デザイン活動を文化活動と見なし、公共的財として理解する必要もある。そのため、市民全体がデザイン活動を理解するには、一般教育政策としての対応がまず考慮されるべきであろう。日本では美術教育の中にデザイン教育が位置づけられている。感性教育、技術教育としては機能しているかもしれないが、デザイン活動自体の理解を促しているとは考えにくい。学校教育では、実社会のデザイン活動が、社会的、経済的、環境的、文化的システムに対し、どのような影響を与えているのか、どのような意味を持つのか、教えられることはほとんどないからだ。デザインの専門教育、いわゆるデザイナー教育についても同様のことが言える。ブラジルでも工芸活動を通したソーシャルデザインやエコデザイン推進の鍵を握っているのは大学などの専門教育機関だ。サンパウロ大学のマリア・シシリア・ロスキャヴォ（Maria Cecilia Loschiavo）准教授は、ホームレスたちによるサスティナブルデザインの活動を支援するプロジェクトをデザイナー教育の中に取り入れている。「デザイン活動は、他の分野の活動と相互的な関係にあり、もともと総合学術的な存在。この事実にも関わらず、他分野の研究や実践から学べるような専門教育内容にはなっていない」とデザイン専門教育の現状を批判する。デザインの多面的な役割やデザインにおける文化権を理解する上で必要なのは、他分野から学べるような教育体制である。デザイン活動の文化的側面、社会的側面を理解するには、少なくとも社会科学分野の知識が必要であり、文化権を前提としたデザイン専門教育の見直しが望まれる。

　さらに、創造産業政策のあり方でもブラジルやラテンアメリカでの取り組みや基本方針は重要な観点を示している。1つには、持続可能性を保障するうえで重要な創造産業として工芸分野を捉えていることである。この認識の下で、様々な取り組みがなされている。ブラジル、アルゼンチン、ウルグアイ、パラグアイが加盟（ナリ、ボリビアも準加盟）するメルコスール（南米南部共同市場）レベルの取り組みとして、ユネスコのイニシアティブで実施された「CREATE」プロジェクトもその1つで、2006年から、創造産業フェア・フォーラムなどが域内

各地で開催されてきた。この取り組みでは、工芸がテキスタイル・アパレル産業などと並び、持続可能な発展の要素として、重要な位置づけがなされている[27]。また、連帯経済の実践との親和性も指摘されている。2つ目は、社会包摂の概念を創造産業振興の中に位置づけていることだ。2011年に発行された『創造経済局計画（Plano da Secretaria da Economia Creativa）』では、ブラジル・創造経済の原則として、文化的多様性、イノベーション、持続可能性と並んで、社会包摂という要素をあげている。例えば、工芸分野の創造経済推進の取り組みとして、工芸関係のミクロ起業家や協同組合へのクレジットファイナンス、工芸教育の公共プログラム、無料で参加できるイベントへの参加の推進、フェアなどのコマーシャルポイントへのアクセスの保障などがあげられている。社会包摂の概念を取り入れた創造産業の取り組みは、持続可能な文化システムや社会システムの強化となるはずで、今後、多様性や地域性を生かしたデザイン政策に不可欠なものとなるはずだ。

・注

1 Assessoria de Comunicação Social Últimas Notícias 01/04/2002, Ministério do Desenvolvimento, Indústria e Comércio Exterior
http://www.mdic.gov.br/sitio/ascom/noticias/noticia.php?cd_noticia=4358 （2007年8月12日最終確認）
Miguel Angelo Hemzo, Josmar Andrade, Roberto Mauro dos Santos 'O desenvolvimento do setor artesanal paulista: uma análise crítica da sua qualificação gerencial'
http://each.uspnet.usp.br/rgpp/index.php/rgpp/article/viewFile/21/22 （2012年5月21日最終確認）

2 ブラジル連帯経済フォーラム（Forum Brasileiro de Economia Solidária）のホームページ。
http://www.fbes.org.br/ （2012年5月21日最終確認）

3 Gonçalves, Adoriana Mota, Lucas Suemitsu [2005] 'Análise e Construcção de propostas para os Empreendimentos solidários Organização Não-Governamental Criola e Associação dos Artesãos do Projeto Arte Criola' GRUPO DE PRODUÇÃO INTEGRADA
http://biblioteca.gpi.ufrj.br/xmlui/handle/1/190 （2012年5月21日最終確認）
Criola http://www.criola.org.br （2012年5月21日最終確認）

4 http://orientavida.glamurama.uol.com.br/ （2012年5月21日最終確認）

5 http://www.mundareu.org.br/portal/ （2012年5月21日最終確認）

6 OCB http://www.brasilcooperativo.com.br/site/brasil_cooperativo/index.asp （2012年5月21日最終確認）

7 成功例 http://www.sebrae.com.br/setor/artesanato/acesse/casos-de-sucesso
SEBRAE http://www.sebrae.com.br/ （2012年5月21日最終確認）

8 http://www.craftdesign.com.br/ （2012年5月21日最終確認）
9 http://www.abest.com.br/2009/index.php?lang=en （2012年5月21日最終確認）
10 Ministerio do Desenvolvimento Agrário　http://www.mda.gov.br/ （2012年5月21日最終確認）
11 DESIGN POSSIVEL のパンフレット及びウェブサイト（http//www.designpossivel.org/sitedp/）による。
12 http://www.transformadesign.com.br/ （2012年5月20日最終確認）
13 BRITISH COUNCIL Brasil による受賞のニュース　http://www.britishcouncil.org/br/brasil-arts-design-architecture-fashion-iydey-award-news.htm （2012年5月21日最終確認）
14 http://www.feiranacionaldeartesanato.com.br/ （2012年5月21日最終確認）
15 Back, Suzana [2002]'Consolidação da Design Identificando Etapas para Analizar o Processo'サンタカタリーナ州立大学デザイン科卒業論文
16 http://www.brasildesign.org.br/ （2012年5月21日最終確認）
17 http://www.mdic.gov.br/sitio/interna/interna.php?area=4&menu=2046 （2012年5月21日最終確認）
18 http://www.carabrasileira.sebrae.com.br/cb_index.htm （2012年5月21日最終確認）
19 Corrêa, Ronaldo de Oliveira [2003]'DESIGN E ARTESANATO UMA REFLEXÃO SOBRE AS INTERVENÇÕES REALIZADAS NA COSTA DO DESCOBRIMENTO -BA'パラナ州立技術教育センター大学院修士論文
20 Centro de Design Paraná　http://centrodedesign.org.br/
21 CENTRO DESIGN RIO　http://www.centrodesignrio.com.br/
22 SENAI SÃO PAULO DESIGN　http://www.sp.senai.br/spdesign/
23 Forum Brasileiro de Economia Solidaria　http://www.fbes.org.br/ （2012年5月21日最終確認）
24 Ministério da Ciência e Tecnologia　http://www.mct.gov.br/ （2007年8月28日最終確認）
現在は Ministério da Ciência, Tecnologia e Inovação
http://www.mct.gov.br/index.php/content/view/73413.html （2012年5月21日最終確認）
25 http://pnc.culturadigital.br/　http://www.cultura.gov.br/site/2011/05/27/plano-nacional-de-cultura-22/ （2012年5月21日最終確認）
26 http://www.cultura.gov.br/culturaviva/cultura-viva/mais-cultura/ （2012年5月21日最終確認）
27 http://www.create.com.ar/ （2012年5月21日最終確認）

第 3 章
コスタリカ:起業するデザイナーたち

近年、途上国の追い上げや文化産業振興を背景に、先進国では、衣料品や服飾雑貨などのファッション産業においてより競争力をつけるための戦略が採られ、そのため、デザイン活動の振興に力が入れられるようになっている。一方、途上国においてもファッションイベントやファッションデザイナーの活躍が目立つようになった。従来途上国では、デザイナーの活動の場も限られ、先進国のようなデザイン活動は見られなかったが、ファッション分野を中心に急速にデザイン活動を取り巻く状況が変化している。

　事例として選んだコスタリカ（共和国）もそのような国の1つで、本章で特に注目するのは、デザイナーの起業である。ここでいうデザイナーによる起業は、デザイナーがデザイン活動だけではなく、自分のブランドや会社を立ち上げ、製品の生産・販売活動まで行うという意味の起業を指す。コスタリカでは今まで、ファッション産業の中でデザイン活動が重要な意味を持つことがほとんどなかった。アパレル・テキスタイル産業は、グローバル・バリュー・チェーンの付加価値の低い保税加工区での下着等の縫製が中心となっていた。近年ではそれも、より安価な労働力の他の中米諸国に取って代わられる状況となっている。また、アパレル・テキスタイル・履物の国内産業は衰退してきている（Arce Pérez, Ronald [2007] p.30）。コスタリカのデザイナーによる起業への注目は、このような状況下にあっても、先進国と同等のデザイン活動が実現できている点にある。ここで取り上げるデザイナーによる起業活動は、大企業・大資本に比べれば微々たる存在だ。しかしあえて取り上げるのは、文化的な価値の提案によって、高度で自立的なデザイン活動が先進国や先進地域でなくても可能で、それがファッション産業のヒエラルキー構造を緩和し、内発的な発展の重要な要因となる可能性を示していると考えられるからだ。

　ファッション産業はグローバル化によって国際競争が激化し、生産拠点の再編や経営のグローバル化、大型化が進展している。過剰生産、過剰消費の構造や低賃金労働の問題など、近代経済システムの矛盾が顕著な分野だ。ヨーロッパデザイン大学（Instituto Europeo di Design）スペイン校のファッション科長であるイサベル・ベルス（Isabel Berz）は、「現在のシステムは消費者の需要を満足させられないだけでなく人為的に需要を生み出すものとなっており」、「中価格や地域生産の製品がほとんど消滅した（Berz [2007]）」と指摘している。こうした矛盾

に対しては、素材の選定から流通までの過程で、環境や社会、労働者の人権などに配慮した倫理的ファッションやエコファッション、社会的企業や組合活動、フェアトレードなどによる新しい潮流や変化も見られるようになっているが、依然としてグローバル・バリュー・チェーンによる生産の構造や一部のヨーロッパを頂点とする流行発信のシステムが主流となっている。すでに言及したように、デザイン活動は大量消費を促すツールとして、経済システムの矛盾を拡大し、環境悪化等の要因になってきた側面も存在する。様々な問題が指摘されている現在、矛盾した経済システムの変革は不可欠であり、変革に貢献できるデザイン活動のあり方が問われていると言える。コスタリカの事例は、経済システムの矛盾をデザインのあり方によって変えていくための1つの例であると考えられる。

この章では、まずコスタリカの現状と課題、またデザイン活動の現状を概観した上で、ファッション分野のデザイン活動の事例を取り上げる。次に、そのデザイン活動が、コスタリカの課題との関係や生産・消費システムや文化システムの枠組みの中で、特に持続可能性の観点からどのような意味を持つのか考察する。また、デザイン活動の可能性をより明らかにするため、ファッションデザインの特質についても検討を加える。さらに、これらの考察を踏まえ、文化資本としてのデザイン活動の可能性と、その可能性を具体化するための振興政策のあり方について提示したい。

1．求められる国内産業の育成と多様化

コスタリカは、中米地峡の南側に位置し、北はニカラグア、南はパナマに隣接、西は太平洋、東はカリブ海に面する。国土面積51,100平方キロメートルを有し、人口約472万人（2011年、世界銀行）のうち、95％がスペイン系白人および先住民との混血で（アフリカ系3％、先住民他2％）、中南米では最も安定した民主主義国家の1つとして認識されている。非識字率は5％で教育水準も高く、社会保障制度も整備されている。1人当たりのGDPは8,874ドル（2011年、IMF）で、主要産業としてバナナ、パイナップル、コーヒー、メロンなどの農業生産、集積回路、コンピューター部品、医療器具、加工食品などの製造産業、観光業がある。輸出総額は約100億ドル、輸入総額は約160億ドルであった（2011年、中央銀行）。

コスタリカはまた、エコツーリズムの聖地、軍隊のない中立国として知られて

いる。産業面では、米企業インテル社の集積回路工場の誘致により輸出を増やし、マクロ経済成長の成功例と考えられている。さらには、生物多様性保全の取り組みや人間指数の高さなどから他の中米諸国との違いも指摘されやすい。しかし、注目されているその独自性や優位性にかくれて見過ごされがちであるが、コスタリカは他の中米諸国と同様、構造的な問題を抱えており、依然として経済・産業構造の対外的脆弱性の問題は解決していない。例えば、誘致されたインテル社の輸出規模が自国経済に対し大きな割合を占めるようになったため、GDP成長率がこの一企業の動向に左右されることになり、かえって対外的脆弱性が増加したとの指摘もなされている（国際協力銀行開発金融研究所［2003］p.137）。むしろ、対外的脆弱性が温存されたままの経済自由化やグローバリゼーションの進展の中で、環境問題、社会問題などが深刻化し、持続可能な新しい開発戦略の構築を余儀なくされている状況であると言える。そのため、安価な労働力を軸にした経済発展ではなく、内発的に価値を創出できる産業構造への転換が求められているのである。

　コスタリカは植民地時代以後、外資によるコーヒー、バナナの生産など、モノカルチャーの産業構造になった。輸入代替工業化を推し進める中で、市場拡大のため1963年中米共同市場（Mercado Común de Centro americano：MCCA）に参加し、一定の成果をあげた。しかし、その後共同市場はオイルショック、参加国間の経済格差、輸入代替工業化政策の行き詰まりなどから機能が低下するとともに、中米紛争により大きな影響を受け、事実上機能不全に陥った。中米紛争は、中米各国の政府の抑圧的体制や格差の構造、1970年代後半の経済不況を背景に社会変動が起こり、米ソ対立を軸とした米国の介入が拡大をもたらしたものである。親米派で安定していたコスタリカは紛争の戦場となることはなかったが、この間の経済停滞は「失われた10年」と呼ばれ、累積債務額も拡大した。輸入代替工業化破綻後は、観光振興とともに、マキラドーラ等外資誘致に力を注いできた。マキラドーラとは、払い戻し制度（Adomisión Temporal）に含まれるもので、もともと繊維産業の輸出加工業促進のためにつくられた保税加工区を指す。最終段階の加工を行う産業に対し、資本財・中間材の輸入関税を免除するものである。1987年の中米和平合意以後は、構造調整実行と並行して、グローバリゼーションや自由化への対応に追われた。1990年代には中米全体で、経済統合だけでは

なく政治統合も模索されるようになり、コスタリカも1993年からは、EU的地域統合を目指す中米統合機構（Sistema de la Integración Centroamericana：SICA）に参加するようになった。1993年以降は観光産業の外貨獲得が一次産品を抜いて、主要産業となり、農業部門では非伝統的農産品の生産・輸出が増えた。また、マキラドーラ産業の中心は、インテル社の誘致後、アパレルの縫製産業からより付加価値の高い集積回路・電子部品の組み立て産業に移行した。近年は多国籍企業によるコールセンターの進出が目立ってきている。中米全体における動きとしては、自由貿易協定やメキシコ中米総合開発構想[1]（PPP）などがあり、コスタリカの経済政策にとっても重要な意味を持つ。コスタリカは米国との自由貿易協定（米・中米・ドミニカ共和国自由貿易協定：CAFTA-DR）については批准が遅れていたが、オスカル・アリアス大統領が推進する中、2007年の国民投票の結果僅差で承認され、2009年1月に発効することになった。また、2007年には台湾との国交を断絶し、他の中南米諸国に先駆けて中国との自由貿易協定を締結し、2011年8月に発効となった。

　アリアス政権による「国家開発計画[2]（2006年～2010年）」では、社会政策の位置づけは比較的高く、様々な面からの貧困対策が重視されている。最低所得者10％に対する最高所得者10％の1人当たりの平均収入の割合が、1988年には12.4倍であったのが、2004年には28.4倍に増加しているなど、経済格差拡大の問題が指摘されているからだ。社会政策では、中等教育の強化や教育予算の増額など主要な政策と並んで、国内85の文化施設のネットワーク化を目指す、技術・文化プラットフォーム創設計画や、芸術的文化的中小企業支援プログラム、文化企業のデータ化（対GDP数値化など）、創造産業推進プログラム、「中米・世界の中の私たちの文化」プログラムなど、文化や文化産業に関わる戦略も含まれている。経済政策では、中小企業法の制定、経済商工省内に中小企業支援局の設置など、特に中小企業振興を打ち出している。大学、銀行、商工会議所からNGOにいたるまでの組織化を目指した中小企業支援ネットワーク、零細中小企業特別基金、イノベーション・技術開発を推進するための中小企業支援プログラム、政府買い入れプログラム、製品デザイン向上プログラムなどが目標に掲げられてきた。2004年の調査では、中小企業（従業員30人以下の製造業）は86.9％で、商品の輸出をしているのはそのうちの4％のみである。そのため、経済政策でも中小企業

輸出業者育成プログラムなどの導入が必要と指摘されている。また、10万人の雇用を生み出している観光産業のさらなる振興、科学技術への投資の増額なども盛り込まれた。環境・エネルギー政策では、近年目立っている首都サンホセの人口（60％）、車両（70％）、産業（85％）の集中による大気汚染などの問題に懸念し、環境問題の克服を強調している。アリアス大統領の後は、その右腕として活躍したラウラ・チンチージャ女史（2010年～）が政権を引き継いでいる。国内は他国製品であふれている。財政赤字の解決も迫られており、課題は多い。

　コスタリカの今後を考えるとき、第１に課題としてあげられるのは、外資に頼らない国内産業の育成や産業の多様化の推進、つまり産業構造の転換である。多国籍企業による利益は、例えばインテル社がコスタリカにおいて、2000年に営業黒字を計上した９億ドルのうち、国内利益となったのは２億ドルだけであったなど、あまり国民経済とは結びついておらず、労働者の賃金に反映されていないことや、国内の生産者から商品を購入する機会が減ったなどの問題点が指摘されている（モリーナ、パーマー［2007］p180）。経済成長を目指すだけの外資による経済開発は、様々な環境問題、社会問題を引き起こすと同時に、対外依存を深めることになった。コスタリカでも、経済のグローバル化、自由化はマクロ経済を成長させた一方で、経済構造・産業構造の自立性を阻むものとなった。対外依存の構造は、環境問題を自国の政策や能力では食い止めることが困難な状況も生み出した。つまり経済における対外的従属性・脆弱性は、環境における対外的脆弱性も伴っているのである。中小企業を中心とする地域産業の育成・活性化や高付加価値産業の育成、産業の多様化は、産業構造の転換を進め、経済の自立性を高めるとともに、対外的脆弱性や社会問題を緩和することができると考えられる。

　第２に、環境問題の克服である。エコツーリズムや生物多様性、また、国土の４分の１が国立公園や環境保護地区であるということでも有名なコスタリカであるが、環境問題も多い。牧畜、アグロインダストリーによる森林破壊、輸出用農産物・加工品などに関わる農薬・肥料による農村部の汚染、都市部の排気ガス等による大気汚染、ゴミの増加、廃棄物処理の問題、観光客の増加による環境の悪化など様々である。米系多国籍企業によるバナナ栽培や米企業向けハンバーガー用の牛肉供給のための牧場経営などによる森林消失は、1995年から1998年までで年平均10万ヘクタールに及ぶ。1990年代は規制や経済支援などにより、森林

地帯は部分的に回復したと言われているが、これは同時期の中米地域の中で最も大きい数字で、アマゾン地帯の森林破壊率に匹敵するとの指摘がある（モリーナ、パーマー［2007］p.181）。排気ガスの問題は急激な車の増加によるもので、1985年から2004年にかけて国内の車の数は4倍（所有率が11人に1人から4.5人に1人）となり、都市部の交通渋滞の問題も引き起こしている（モリーナ、パーマー［2007］p.182）。これらは、第1にあげた課題と密接に関わっており、解決には多面的なアプローチが望まれる。

　第3に、社会問題の解決である。中米の中では際立って平等性と生活水準が高いコスタリカではあるが、グローバリゼーションや自由化によって様々な問題が顕在化している。経済格差、都市部と農村部の地域格差、貧困問題、失業問題、労働条件の悪化、先住民問題、汚職、武器と麻薬の密売、治安の悪化などである。3つの課題はお互いに密接に関わっており、これら課題の克服がコスタリカの今後の持続可能な発展を左右するものとなっている。

2．デザイナーの需要と供給のギャップ

　コスタリカにおいて近代的な意味でのデザイン活動が開始されたのは、1970年代である。デザイン専門教育機関として、1972年コスタリカ大学（Universidad de Costa Rica：UCR http://www.ucr.ac.cr）美術学部でグラフィックデザインが教えられるようになり、1973年、ナショナル大学（Universidad Nacional：UNA http://www.una.ac.cr）美術学科にテキスタイル、木工芸、金工の専攻コースが設置された（現在は美術・ビジュアルコミュニケーション学科に再編されている）。1980年、中小企業振興の一環として、イタリア政府の援助によりコスタリカ工科大学（Instituto Tecnológico de Costa Rica：ITCR http://www.tec.ac.cr）にインダストリアルデザイン科が設置された。現在では、インダストリアル・ビジュアルコミュニケーション・デザイン工学科に名称が

写真3-1　ベリタス大学で学生を指導するマルティン・ロドリゲス　（筆者撮影）

変わり、インタラクティブデザインコースの充実にも力を入れている。学科長のフランクリン・エルナンデス（Franklin Hernandez）は、毎年ドイツの大学でもインタラクティブデザインを指導している。「インタラクティブデザイン専攻の卒業生はまだ少ないが、人数が増えれば産業につながっていくはずだ」と話す。コスタリカでは近年デザイン関係学科設置の私立大学が増加するとともに、デザイン分野での私立大学の活躍が目立っている。アート・デザイン・建築専門のベリタス大学（Universidad Veritas http://www.uveritas.ac.cr）にはプロダクトデザイン、インテリアデザイン、デジタルアニメーション、出版デザインなどの科が設置されている。先端的な動きに敏感で、外国人留学生も多く受け入れている。デザイン学部長のオスカル・パミオ（Oscar Pamio）は「プロダクトデザイン科では、ファッション分野に力をいれるため、コロンビアからファッション専門の教員を複数迎えている。コスタリカでは、発展の可能性の高い分野と考えている」と説明する。迎え入れられた教員の一人であるマルティン・ロドリゲス（Martín Rodríguez）は、「コロンビアのファッション産業はラテンアメリカでも有名で、レベルも高い。私はコロンビアでファッション分野の振興に関わってきたので、ここでの振興を期待されている」と語る。また、クリエイティブ大学（Universidad Creativa http://www.ucreativa.com）には、建築、インテリアから映像、デジタルコンテンツ、アクセサリー、ファッションまでクリエイションに関わる全ての学科が網羅されている。アクセサリー学科長のアミラ・ハレット（Amira Jalet）は、「本学は、特にファッション分野での卒業生の活躍が有名。学生一人ひとりとのコミュニケーションを大切にしていて、それが学生のクリエイティビティを伸ばすことにつながっている」とファッション分野におけるクリエイティブ大学の存在感をアピールする。また、デザイン関係機関として、文化・青年省（Ministerio de Culturay Juventud：MCJ）所轄のコスタリカ現代美術・デザインミュージアム（Museo de Arte y Diseño Contem-

写真3-2　クリエイティブ大学の工房を案内するアミラ・ハレット　　（筆者撮影）

poráneo：MADC　http://www.madc.ac.cr）の存在も大きい。1994年に創設されて以来、デザイン作品・製品の展示だけでなく、デザイン関係の研究、フォーラムやセミナー、フェアの開催などを通して、デザインを振興する上で貴重な役割を果たしてきた。

　デザイン科卒業生の数が増える一方で、デザイナーの需要と供給には現在に至るまで大きなギャップを抱えている。1980年代、観光産業の活性化からグラフィックデザイン分野、近年ではウェブサイトデザインなどの需要が中心であり、一貫して製造分野でのデザイナーの職場は限られていたのが実状だ。コスタリカ工科大学インダストリアルデザイン科でずっと教鞭をとってきたファン・コルドバ（Juan Córdoba）は、「アカデミックな取り組みが、コスタリカの産業にほとんど結びついていない。デザイン活動は産業活動の中で生かされなければ意味がないが、大学側の意識も低い」と指摘する。デザイン振興が開発の重要課題になることはなく、アカデミックなレベルの高さは、それほど産業面に結びついていなかったと言えるが、最近になってデザイン振興政策の動きが少しずつ見られるようになっている。この背景には、グローバル・自由化経済における競争力強化に対する政府の中小企業戦略や、他のラテンアメリカ諸国のデザイン振興の動きなどがある。例えば、経済商工省（MEIC）では、コスタリカ工科大学インダストリアルデザイン科による研究報告書「コスタリカ・デザインセンター・プロジェクト（Córdoba, Sánchez, Valverde［2009］'Proyecto Centro de Diseño Costa Rica'）」などを基に、デザインセンターを立ち上げる準備をしている。報告書では、テキスタイル分野の企業にとって新しいブランド、製品、ビジネス創出のためにデザインセンター設立が不可欠であると指摘されている。また、アリアス政権時の文化・青年・スポーツ省では、デザイナーの需要と供給のギャップを解決し、ネットワークを作り出すことによってデザイン市場の強化、文化産業の強化を目指し、ウェブサイトへのデザイナーデータの掲載などを

写真3-3　2008年 MADC で開催された「Costa Rica Diseña」展　　（筆者撮影）

第3章　コスタリカ：起業するデザイナーたち —— 71

含めたデザイナーズディレクトリー創設のプロジェクトが実施された。現在、MADC や MCJ は、MEIC 所轄の中小企業支援局（Dirección General de Apoyo a la Pequeña y Mediana Empresa：DIGEPYME）や経済開発省貿易振興機構（Promotora del Comercio Exterior de Costa Rica：PROCOMER）との連携によってデザイン分野の振興を目指している。MADC では、MEIC や DIGEPYME と連携し、2011年、デザイナーやデザイン事務所を対象にアンケート調査を行い、報告書「コスタリカの都市部のデザインおよびオーディオビジュアルセクターの中小零細企業の需要・供給関係の研究[3]」にまとめた。2008年の MADC での「Costa Rica Diseña（コスタリカがデザインする）」展は、国内デザイナーの活躍が目に見えるようになってきている状況を反映するものであった。

3. ファッションの世界で起業するデザイナーたち

　コスタリカのデザイナーの活躍が目に見えるものとなってきている中で、特に、ファッション分野のデザイン活動が注目を集めている。海外で活躍するデザイナーも増えている。例えば、ニューヨークなどで活動するテキスタイル・ファッションデザイナーのドミニケ・ラットン・ペレス（Dominique Ratton Pérez）は、スラムや市場の情景を自ら撮影し、その写真を汚染のない植物性のインクでプリントされたシルクのストールの図柄として使用するなど、現代美術のようなテキスタイル作品の制作、アーティスティックな表現が特徴となっている。ベリタス大学在学時に鞄メーカーによるデザインコンクールで優勝したラウラ・スコット（Laura Scott）は、端切れや廃品を使ったファッションなども制作しながら、アメリカや英国で活動を続けている。マリア・エレーナ・アルファロ・モリーナ（María Elena Alfaro Molina）はアメリカで活動するファッションデザイナーで、ニューヨーク、マイアミ、メキシコ、ハリウッドでコレクションを発表、ハリウッドスターの顧客も多い。

　ここではコスタリカ国内のファッション分野で活躍する4人のデザイナーのデザイン活動を取り上げる。

① 　ルクレシア・ロリア：Lucrecia Loria（インダストリアルデザイナー・サンダル会社経営）

1985年、コスタリカ工科大学インダストリアルデザイン科に入学、1990年に同科を卒業。「高校ではグラフィックデザインを勉強した。でも、自分自身で何かを製造したいという思いが強く、大学はインダストリアルデザイン科を選んだ。当時インダストリアルデザイナーの職能はあまり知られておらず、インダストリアルデザイナーは、印刷用の絵を描く人だと思われていた。卒業後はしかたなく販売カタログのデザインなど主にグラフィックデザインの仕事を行っていたが、ただ命令を受けるだけの従業員として働いていくことは全く考えていなかった。自分で何か製造したいと考えていた」とロリアは当時を振り返る。「様々な素材を試していたところ、皮革という素材が一番自分に合っていると感じた。靴屋で皮革の切れ端をもらい、ポーチ、眼鏡ケース、キーホルダーの製作を試してみた。その後、ベルト、財布などを製作。当時の市場調査で、皮革製品が不足していることもわかってきた」。皮革製造業者はかなり工芸的な方法で製造していて、生産性も低いと感じたロリアは、どこに仕事場を持つか、また一定量の生産をどのように確保していくのかについて研究を続ける。国立職業訓練所（INA：Instituto Nacional de Aprendizaje）が履物の製造コースを開設すると聞いたが、基礎的レベルの講座で遠くまで通わないといけないとわかった。同じ頃コスタリカ大学の皮革技術研究センターがやっていたセミナーに参加したとき、ある学校の存在を知った。それが、その後イタリア留学を決意させることになった Ars Sutoria という学校だった。このイタリアの学校は履物のスタイリングで有名な学校であったが、奨学金制度がなかったため、学資金が足りない旨手紙を送ると、学費を

写真3-4　ロリアのデザインによるサンダル製品　（Michael Bonilla Quirós 氏撮影）

写真3-5　工場で従業員に指示を出すルクレシア・ロリア　　　　　　（筆者撮影）

第3章　コスタリカ：起業するデザイナーたち —— 73

半額にしてくれるとの返事があったという。学費をまかなうため、その学校の食堂でも働いたロリアは、「そこで学んだのは主にデザインの方法で、材料や型紙についても学んだものの、一度も実際に靴を制作したことはなかった。しかし、人間工学、足の構造、飾りのパーツや縫製のタイプなど技術的なことも学ぶことができた。滞在中、各地のファッションフェア、ファッションショーを見学して、靴がファッションの重要な一部であることがわかるようになった」とイタリアでの経験を語る。フェアで出会った人物に靴のデザインを褒められ、会社専属のデザイナーとして働くことを勧められたこともあったが、靴の製造に携わりたいと考えていた。2年間の留学で靴については様々な知識を持っていたが、実際に靴を作ったことはなかったため、コスタリカに帰国するとAdoc産業という靴の会社を訪ね、工具として働く機会を与えてもらうことになった。靴工場で製造のしかたを学ぶ傍ら、様々な勉強を重ね、1995年に仕事場を持つことになる。インターネットによる商取引を始めることになったが、結果的にはその方がリスクが少なく、速いということがわかった。スペインから付属品などを仕入れなければならなかったが、スペイン、メキシコ、アメリカ、ブラジルでも売ることができるようになった。「最初は何もわからずやっていたものの、デザインによる高品質な製品づくりを目指して頑張った。製品の成功は製造の品質とデザインの独自性であると考えたから。自国の市場は小さく、女性用サンダルの製品市場はさらに小さい。コスタリカでは、あっという間に新しくデザインした靴が行き渡ってしまう。でも、必要なのはその市場の開放性を目に見えるようにすることだ」と考えている。また、「国内は安価な中国製品であふれているが、情報量や先行性、短期間に納品できることが自社製品の勝っているところ。サンダルに限定しているのは、クリエイティビティを持続させ、他の問題を発生させないためだ」と説明する。ロリアによると、デザインすることは研究することであり、映画やTVドラマを見ることもヒントになりうる。各季節コレクションの度にデザイン画を描き、試作を行う。持続可能性を考え、植物性染料の使用を進めている。靴は人間の皮膚との接触が一番多い製品であるため、発汗しにくい合成素材をできるだけ使わないようにしてきた。

現在は国内市場のみに販売している。10人の女性従業員で製造しており、ハイシーズンには週に2,000足（1足17〜20ドル平均）生産する。生産工場は、ロ

リアの住む山村にあり、従業員は全て地元の村人である。ブティックも経営しており、他社の靴や衣類、バッグなども取り扱っている。(本人へのインタビュー、Luis Fernando Quirós 氏の資料[4]と同氏へのインタビュー、Sandalias Lucre の facebook サイトなどによる)

② ソニア・チャン：Sonia Chang（ファッションデザイナー・ファッション会社経営）

　女性的なシルエットを強調したエレガントなデザインを基本とする服作りであるが、国内のインディオ文化の伝統工芸品や陶芸に見られる模様を自らのデザインに再活用するなど、地域性を生かしたデザインも行っている。また、伝統模様を生かしたユニフォームのデザインも手がけている。

　1980年頃からデザインを気に入ってくれる人たちに服をつくり始めたチャンは、「ある日、私のデザインをたまたま見たコスタリカのファーストレディに服をつくってほしいと頼まれるようになり、ファーストレディは旅行や政府のイベントなどに、私がデザインしてつくった服を着るようになった。少しずつビジネスが成長していき、一層専門的に対応できるオートクチュールの仕事場を持つようになった」と起業のいきさつを説明する。ビジネスが成長していく間、ナショ

写真3-6　ファッションショーでの
　　　　　チャンの作品
　　　　　　　　（チャン氏提供）

写真3-7　仕事場で働くソニア・チャン
　　　　　　　　　　　　（筆者撮影）

第3章　コスタリカ：起業するデザイナーたち────75

ナル大学応用美術学科、クリエイティブ大学ファッションデザイン科等で学ぶことになる。1999年にコスタリカ科学文化センター主催のファッションデザイナー大会で受賞。2003年、エルサルバドルで行われた国際ファッション大会でコスタリカの代表としてファッションショーに参加、2004年、マイアミで行われたアメリカファッションウィーク、ニューヨークファッションウィークに参加。「アメリカデビューでは準備が大変で、緊張して夜も眠れないほどだった」と、当時を振り返る。2008年9月、初めて自分のブティックを開いた。ここでは自分のデザインした服に加えて、皮革のバッグの新しいコレクションも販売した。現在はこのブティックに替えて、よりカジュアルなテイストのオリジナルジーンズのブランドを立ち上げ、販売している。

「私の場合、国内よりもむしろ海外での知名度の方が高く、スペインやアメリカの顧客が、私の服を買ってくれている。例えば、スペインのサンタンデールのファッションショーは毎年招待してくれている」という。「コスタリカデザインの評価を高め、デザイナーが国際的なレベルになることによって国の経済を助けることができるようになるとコスタリカ人にわかってもらうこと。自分自身は幸運にもニューヨーク、スペイン、マイアミ、中米の多くのファッションショーに参加できるようになっているが、次の世代が成功できるように自身の立場を利用して支援していきたい」と今後の目標を語る。また、ファッションを通してコスタリカ文化の推進や環境保全を目指していると言う。中米ファッション推進のプラットフォームとして開催されている、中米ファッションウィークのリーダー的存在であり、中米を代表するファッションクリエーターとして活躍している。(本人へのインタビュー、Luis Fernando Quirós 氏の資料と同氏へのインタビュー、ソニア・チャンのウェブサイト http://www.soniachang.com、Jeans by Sonia Chang、Sonia Chang Alta Costura の facebook のサイトなどによる)

③ モンセラット・ラミレス：Monserrat Ramirez (テキスタイルデザイナー・鞄会社経営)

　植物、石、風景など、自然 (生物多様性) をモチーフにしたデザインの女性用バッグ (布製) をデザイン、販売している。

　ナショナル大学ビジュアルアーツ学科でテキスタイルを主に学んだ。さらにイ

タリアのミラノへ留学し、Istituto Europeo di Design でテキスタイルを学ぶ。学んだことを生かすため、コスタリカに戻り2003年、Malvano Pitelu という鞄会社を設立、Malvano というブランドを立ち上げた。「最初は、全ての工程を自分で行っていた」という。「スタイルの決まった8個のバッグは、20ドルですぐに売れてしまい、その利益を次の布地購入に充てることにした。若い層を中心に販売の速度が増していったが、製造は常に家庭的レベルで行われていた。組み立てに1人の人員が必要となり、契約を結んだ。その後、裁断の担当者1名を雇い、さらに編み物、刺繍などの工程のできる人たちと契約をした。最初の年は、様々なアイデアが浮かび、量産できない2つのシリーズをデザインした。2004年、一般店舗での販売を始めた。最初の年は月に最高200ドルの利益であったが、「房」シリーズの製品を作った時には、月500ドルの利益があった。少しずつ販売が伸びて来て、月4,500ドルになることもあった。後に「胞子」シリーズ、「鉱物」シリーズのバッグも生まれた。編み物タイプと「種」のデザインの製品は特に専門家による手作りが必要であったため、さらにスタッフが必要となった」と生産が伸びていった経過を説明する。

　現在の生産は、月平均140個である。製品はインターネットや空港などの店舗でも販売されている。アムステルダムのラテンアメリカデザインビエンナーレやワシントンDCのテキスタイル美術館などでもその作品が展示された。また2008年、第1回イベロアメリカデザインビエンナーレ（マドリッド）の展示デザイナーに選ばれている。「コスタリカのファッション分野は、まだ産業というよ

写真3-8　生物多様性をテーマにしたバッグ
（Carlos Quesada 氏撮影）

写真3-9　自宅兼仕事場の玄関に立つモンセラット・ラミレス
（筆者撮影）

うなものではないが、国際的レベルまで道を開拓しているデザイナー起業家もいる。これからの若い人たちが新しいトレンドに取り組んでいく」と考えている。
（本人へのインタビュー、Luis Fernando Quirós 氏の資料と同氏へのインタビュー、Malvano のウェブサイト http://www.malvanocr.com、Monserrath Ramirez と Malvano Cr の facebook のサイトなどによる）

④　ナタリア・コルデーロ：Natalia Cordero（プロダクトデザイナー・衣類・鞄会社経営）

　ベリタス大学プロダクトデザイン科を卒業し、「ペス」（大学生をターゲットにしたブランド）と「セニュエーロ」（女性用鞄）などの鞄ブランドを創立。2010年までは同じベリタス大学出身のロドルフォ・ロドリゲス（Rodolfo Rodríguez）と共同運営していたが、彼の病死後は1人で経営している。

　「2006年頃から学園祭などで15歳から30歳位までの若者向けに、違ったオプションのバッグを自分たちで作り、インフォーマルな形で販売していた。反応が良かったので、産業機械を使い、製品の品質を高めていった」と起業のきっかけを説明する。今までになかった個性的なデザインの少量生産（同一デザインは5個から10個まで）を目指し、Tシャツのデザイン印刷、ジャケットやブラウスなども扱っている。縫製機械やシルクスクリーンの設備など20万ドルの投資により、週1,000個のバッグ（3割に当たる）をさらに作ることができるという。2009年時点では、4人の従業員がいて、社会保障、年金等も含めて月2,000ドルを支払

写真3-10　ペスブランドの学生向け鞄
　　　　　　　　　　　　（コルデーロ氏提供）

写真3-11　自分のショップ inmaculada で製品を販売するコルデーロ　　（筆者撮影）

っていた。年間65,500ドルの利益（32,700ドルの純利益）があったが、これは、コスタリカでは専門職2人分の収入に相当する。inmaculadaという自分のショップの他、他の店舗、主要なリゾート地、様々な銀行のバーチャルモール、様々なフェア・イベントなどで製品を販売している。使われている原材料は、アジア系大工場の余り物、残り物であり、そのため、コストをあまりかけることなく、バラエティに富んだ種類やタイプの布を使うことができる。ブランドの創出の意図は、コスタリカで見かける従来の工業製品や工芸製品との違いをつくるためで、イノベイティブで高品質な製品作りを目指している。「もっと機械化をすることで、ジャケット、洋服など高品質のファッション製品を作り、メキシコやアルゼンチン、アメリカ、スペインなどの国際市場への参入に取り組んでいきたい。大量生産を目指すのではなく、社会文化的・経済的な観点から独自の消費者（デザインの価値を理解できる）、独自の市場を探求していくつもりだ」と抱負を語る。プロダクトデザイナーとしても、医療会社のためのデザイン、パッケージ、コーポレートアイデンティティなど様々な仕事にも携わっている。

「コスタリカは60年代から90年代まで、マキラドーラの国だった。現在、コールセンターなどのサービス業と観光産業が経済の中心。大企業は人件費のかからない他の国に工場を移したため、熟練労働者と大量の設備が残り、ミニ工房で再稼働することになった。また何年か前から、私立大学ではデザイン分野のエグゼクティブを生み出すようになった。コスタリカの国内産業が、コーヒー産業、木工産業、大企業の工場によるフォーマルなものと元工場労働者によるインフォーマルなものとに分かれるテキスタイル産業、観光サービス産業の4つに収斂されていった中で、木工とテキスタイルだけがデザインのエグゼクティブが生産活動を実現できるものだったと思う。少なくとも都市部では、新しいタイプの中小企業をつくるべく、デザインの若い専門家が計画を練るようになっている。こんなことは今までなかったことだ」と自身の活動も含め、コスタリカのデザイナーたちが起業に至る状況を説明している。（本人へのインタビュー、Luis Fernando Quirós 氏の資料と同氏へのインタビュー、ウェブサイト http://www.inmaculadacr.com、http://pezdiseno.hi5.com　http://www.pezcr.com/、Pez Diseno Urbano、Tienda inmaculada の facebook のサイトなどによる）

第3章　コスタリカ：起業するデザイナーたち───79

4．起業を伴ったデザイン活動の意味するもの

　ここでは、前節で取り上げたデザイン活動の事例について、まずその共通する特徴を明らかにし、その上で、事例で取り上げたデザイン活動の意味について、この国の課題との関係から、次いで生産消費システムから、さらに文化システムの面から考えていきたい。

（1）　相乗効果の創出

　共通する特徴を考える上での出発点は、これらのデザイン活動はいずれもデザインの専門教育を受けたデザイナーによるもので、デザイナーとして活動できる場所を自分自身で作っているということである。つまりデザイナーによる起業、企業活動を伴ったデザイン活動であるという共通項を持っている。最初はインフォーマルとして始め、規模は小さいが、ミクロ企業として国内市場参入（一部は海外市場も）を果たしている。企業活動として見た場合、何よりもデザイン主導の生産販売活動になっていること、またファッションの現状に詳しく、デザインの意味やマーケティングの知識を有しているという点で、一般のミクロ企業とは異なっている。起業に際しては、デザイン活動と一体化しているため、資本や特別な技術をほとんど必要とせず、広告宣伝力に頼らない生産販売活動であること、消費者との関係も直接的で、地域と密着した生産販売活動になっている点が特徴となっている。デザイン活動の側から見た場合は、何よりもデザイナー自身のクリエイティビティやコンセプトを最大限に生かすデザイン活動になっているという点で共通している。インハウスデザイナーなど通常では困難なデザイン活動、つまり消費者に迎合しないスタンスを維持しながら、直接デザイナーの感性やコンセプトを提案する自立したデザイン活動になっている。また、事例に見られるアーティスティックなデザインの実現は、独自の価値の創造を実現するだけでなく、企業活動の技術的、経済的な問題を解決することにもつながっていると言える。さらに、いずれの事例も何らかの形で環境保全を考えてデザイン・生産している。専門教育を受けたデザイナーはエコデザインの意味も理解しており、一般企業よりも環境を考慮した企業活動になっていると考えられる。

　さらにこれらの特徴をよく見ると、デザイン活動にとっては企業活動に、企業活動にとってはデザイン活動に、それぞれプラスの影響を与えているという構造

的特徴を持っていることがわかる。デザイン活動は、資本・技術の制約を緩和し、アーティスティックな製品作りを可能にすることで、企業の価値を高め、市場参入を可能にする一方、企業活動は、デザイン主導のものづくりを可能にすることで、質の高い自立したデザイン活動を保障しているのである。つまり、デザイン活動と企業活動が、お互いにその存在を支えているのである（図3-1）。その構造は、お互いの活動を活性化するものとなっており、相乗効果を創出していると考えられる。企業活動とデザイン活動を同時に活性化できるということは、産業振興のあり方として効率的であり、内発的発展につながる重要な要素となるものであろう。

　コスタリカでは、デザイナーのクリエイティビティを発揮できる仕事や機会がなかったことがデザイナーによる起業を成立させている側面があるが、ラテンアメリカで顕著なファッションデザインへの注目、デザインの世界的トレンド、国内のデザイン関係機関の存在、他人に依存することを好まないデザイナーの存在、意識の高い消費者の存在、新しい産業創出への意欲、現経済システムへの不満等も背景として考えられる。また資本や技術がないが故にコンセプト重視、少量生産、アーティスティックな生産にならざるをえなかった側面もあるが、それが独自のデザイン活動や企業活動につながっていると考えられる。他の分野ではあまり存在しないが、ファッションの世界では著名なデザイナーによる企業活動は一般的である。また、デザイナーによるミクロ企業の活動は珍しいことではなく、先進諸国においても多く見られ、前章で取り上げたブラジルを始めとする他のラテンアメリカ諸国でも注目されている現象である。こういったミクロ企業は、社会的企業となることも多く、現在の経済システムや文化システムに対するオルタナティブな存在となっていることが窺える。

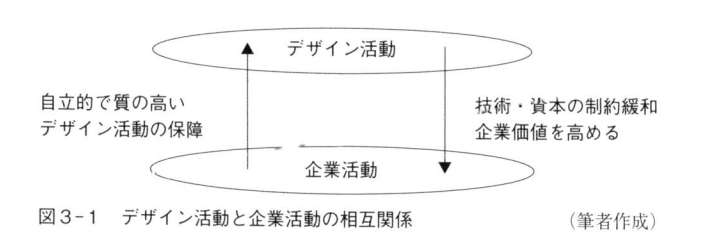

図3-1　デザイン活動と企業活動の相互関係　　　　　　（筆者作成）

（左側）自立的で質の高いデザイン活動の保障
（右側）技術・資本の制約緩和　企業価値を高める
（上）デザイン活動
（下）企業活動

（2） 国内課題への貢献

次に、コスタリカの現状やその課題から見た場合、起業を伴うデザイン活動の特徴は、どのような意味を持っているのだろうか。

第1に、規模の上では微々たる存在であるが、国の課題である中小零細企業の育成・強化に直接つながるものであり、外資に頼らない産業システムを生み出していると考えられる。コーヒー、バナナなどの一次産品生産、観光産業、繊維・アパレル、電子部品などのマキラドーラ産業と、常に外国資本による経済成長を目指してきたコスタリカにとって、内発的に価値を創造できる産業システムの創出は貴重だ。事例の生産活動で主に価値を作り出しているのは、デザイン活動という無形の文化資本である。文化資本の活用によって生み出された独自の文化的価値が、経済的価値を生み出すのであり、文化資本の活用が内発的に価値を創造するシステムをつくり出していると言えよう。

第2に、産業の多様化、産業構造の転換につながるものである。産業構造の上では、デザイン・企画部門は最も利潤率が高い部門である。組み立て産業として、グローバル・バリュー・チェーンに組み込まれていたアパレル産業とは異なり、現在まで実現が困難であった利潤率の高い経済活動へと構造転換をわずかながら実現していることになる。

第3に、環境負荷の軽減につながる活動になっているという点があげられる。デザインは最も環境負荷の少ない部門でもある。環境負荷を自らコントロールできる立場にある企業活動を生み出しているという点でも、環境問題の緩和につながる。外資依存のため、環境を自らコントロールしにくい産業構造におかれているコスタリカにとっては貴重である。

これらのデザイン活動は全て、コスタリカの課題に対して貢献するものとなっており、コスタリカ社会の持続可能性を高めるものになっていると考えられる。

（3） 生産・消費システムを変化させる

近代が推進してきた大量生産・大量消費の構造は、一方では消費を大衆化させる要因となりながら、他方で様々な問題を生み出す要因となっている。また、消費は、生産者の広告や情報発信力によって常に作り出されている。生産・消費システムにおけるデザイン活動のあり方を考察することは、持続可能な社会の形成

を目指す上で不可欠である。

　それでは、生産・消費システムにおいて、起業を伴うデザイン活動はどういう意味を持っているのだろうか。

　第1に、生産・消費の多様化を促していると考えられる。デザイナーのコンセプトやクリエイティビティにより、また生産が小規模で行われることにより、消費市場の多様化に対応したものづくりになっている。デザイン活動によってもたらされている生産・消費の多様化は、画一的な生産・消費の抑制につながるとともに、さらなるデザイン活動や地域独自の文化資源など有形・無形の文化資本の活用を促すことにもつながり、文化的価値を創出しやすい環境が作り出されると考えられる。文化資本の活用や文化的価値の創出は、文化システムの強化となるはずである。

　第2に、消費の自立化につながっていると考えられる。デザイナーのコンセプトやクリエイティビティを最大限に発揮できる生産・消費システムは、必然的に消費者の享受能力を磨き、高めるものとなっている。消費者にもそれを理解する創造性や主体性が必要とされるからで、いわば創造的消費または自立的消費を成立させていることになる。広告力によらない企業活動は中身が充実していなければ成立せず、消費活動を操作することは困難であろう。消費の自立化は、人為的に作り出されてきた需要の問題を緩和し、過剰消費を抑えられると考えられる。

　第3に、生産・消費の地域化を促しているという点があげられる。何よりも企業活動の中枢である企画・デザインから生産、販売までコスタリカ国内で行われ、その地域にいる人がそれを販売・購入するという生産・消費システムになっているからだ。世界的に画一化された販売システムによって、生産だけでなく消費も脱地域化が進んでいる。デザイナーの起業によるファッション製品は、直接地域のデザイナーによって企画され、販売されることで、消費の地域化を促していると言えよう。生産・消費の地域化は、脱地域化による問題を緩和させるとともに、流通による無駄を軽減することから環境負荷を少なくすると考えられる。

　第4に、第3の特徴と関わって、先進国を頂点とする生産・消費システムのヒエラルキーの緩和につながっているという点があげられる。大資本、グローバル・バリュー・チェーン等による生産システムのヒエラルキーは、コスト削減のため脱地域化を進め、途上国で低賃金労働の問題や環境悪化を発生させるだけで

なく、途上国の文化システムにも影響を与えている。その国独自の文化資本を活用することや文化的価値を創出することを抑制する構造を作り出すからだ。コスタリカだけでなく多くの途上国では、郊外型のショッピングモールがいくつも建設され、そこでは多国籍企業の製品が、国内製品とは違った文化的価値と経済的価値で売られている。途上国では生産だけでなく、消費も先進国によりコントロールされているのであり、消費のコントロールによって文化的ヒエラルキーが構築され、文化システムもコントロールされることになる。起業家となったコスタリカデザイナーによる質の高い自立的なデザイン活動は、先進国以外では見られなかった高付加価値な製品作りを可能にするものであり、生産・消費システムのヒエラルキーを緩和させるものであると考えられる。また、生産・消費システムのヒエラルキーの緩和は、独自の文化システムの強化につながっている。

　生産・消費システムの転換は、前項で示した中小零細企業の育成・強化、産業の多角化を意味しており、環境システムの持続可能性も高めるものと考えられる。また、過剰生産・消費、生産・消費システムの画一化、生産の脱地域化、生産・消費システムのヒエラルキーなどの問題は、地球規模での変革が必要となっている課題である。現代の経済システムの矛盾とも言えるこれら問題の克服なしに、持続可能な社会の構築は望めない。事例に見られるデザイン活動は、生産・消費システムの問題の緩和を促すものであり、コスタリカだけでなく、地球規模の持続可能な経済システムへの変化につながるものと考えられる。

（4）　文化システムを変化させる

　それでは、文化システムから見た場合、事例のデザイン活動は何を意味するのだろうか。

　第1に、文化的多様性の維持につながっていると考えられる。グローバリゼーションと自由化によって、特に途上国では伝統的工芸品の生産を除いて、地域の有形・無形の文化資本の活用や独自の文化的価値の創出がむずかしくなってきている。例えばコスタリカでは、集積回路の生産・輸出によって経済的価値を創出することに成功したが、独自の文化的価値を創出する産業構造を構築できていた訳ではない。事例のデザイン活動は、デザイナーのコンセプトやクリエイティビティに基づいた独自の文化的価値のある製品を生み出すものである。独自の文化

的価値の創出は、文化システム全体から見れば、多様な文化的価値の創出、つまり文化的多様性を生み出すことになる。デイヴィッド・スロスビーによれば、文化的多様性は、新しい資本を生み出す能力を持っているため、文化システムの維持において重要であり、維持されなければならない要素である（Throsby [2001] p.57）。つまり文化的多様性は、新しい文化的価値を持った文化資本を生み出す能力を持っており、文化資本を生み出す能力を高めることで、文化システムが維持されることになる。

　第2に、文化システムの地域化を促していると考えられる。文化は地域性があるからこそ文化となっていると言えるが、実際には地域独自の文化資本を活用する構造とは必ずしもなっていない。例えば地域性を売り物にしている観光産業においても、先進国の文化資本の活用、文化システムの他国化は進んでいる。各地域にはその土地の文化資本を活用していく独自の文化システムが存在したが、現在では文化システムも、生産・消費システムを通して脱地域化が進んでいる。コスタリカの事例では、地域の有形・無形の文化資本を活用することによって、独自の文化的価値を生む構造を創出している。文化システムの地域化は、地域独自の文化資本と文化システムの強化につながるものとなっていると考えられる。

　第3に、文化的ヒエラルキーを緩和するものであると考えられる。生産構造のヒエラルキーが、画一化や脱地域化を招き、経済システムの多様化や地域化を抑制しているのと同様に、文化的ヒエラルキーも文化的多様性を抑制するものとなっている。先進国はその情報発信力や宣伝力によって、世界的に文化や文化的価値の序列化を促している。文化的価値の序列化によって、主流以外の文化資本の活用やその価値化、文化的価値の創出が抑制され、地球規模で見た場合、文化的多様性を損なうものとなっている。また現在では、生産・消費システムが、経済のグローバル化や自由化を通して、文化システムを一層コントロールするようになっている。コスタリカのような途上国は、経済システムがコントロールする文化的ヒエラルキーによっても、文化的多様性や文化的自律性を後退させられていると言えよう。コスタリカの事例では、独自の文化的価値を生み出すことのできるデザイン活動によって、文化的ヒエラルキーを緩和するものづくりになっていると考えられる。

　以上のように、起業を伴うデザイン活動は、文化的多様性の維持や文化資本の

表3-1　2つのシステムから見た事例の意味

生産・消費システム	文化システム
・生産・消費の多様化 ⎫ ・消費の自立化　　　⎬ 過剰生産・消費、生産・消費システムの画一化、生産の脱地域化などの問題の緩和 ・生産・消費の地域化 ⎭ ・生産・消費システムのヒエラルキーの緩和	・文化的多様性の維持 ・文化システムの地域化 ・文化的ヒエラルキーの緩和
↓	↓
持続可能な生産・消費システム	持続可能な文化システム

(筆者作成)

強化、独自の文化的価値を創出する構造を形成するなど、持続可能な文化システムの形成に貢献していると考えられる（表3-1参照）。

(5) 多様性・地域性を持ち込む相互関係

先に3つの側面からコスタリカにおける事例の意味を考察してきたが、ここではデザイン活動によって変化している生産・消費システムと文化システムの関係について考えてみたい。

事例では、独自の文化的価値を創出するデザイン活動が、生産・消費システムと文化システムにいずれも多様性と地域性をもたらすものとなっている。多様性と地域性は、それぞれのシステムの問題を緩和することによって、システムをより持続可能なものに変化させる要素となっている。独自の文化的価値を創出、享受できる生産・消費活動は、文化システムに多様性と地域性をもたらし、文化システムや文化資本を強化していると考えられる。他方、文化的な独自性、つまり文化的多様性や地域性は、生産活動を生み出すための必要条件となっており、独自の文化的価値を創出する生産の構造を支えるものとなっている。文化システムにおける多様性や地域性が大企業には生み出すことのできない多様で地域性のある生産活動を可能にし、生産・消費システムを変化させているのである。つまり、デザイン活動が、いずれのシステムにも多様性や地域性を持ち込み、相互的にシステムを変化させる可能性があることを示している（図3-2参照）。

この相互関係は、実は、事例の特徴を構成しているデザイン活動と企業活動の相互依存の構造に重なるものである。生産活動としての企業活動は、文化活動と

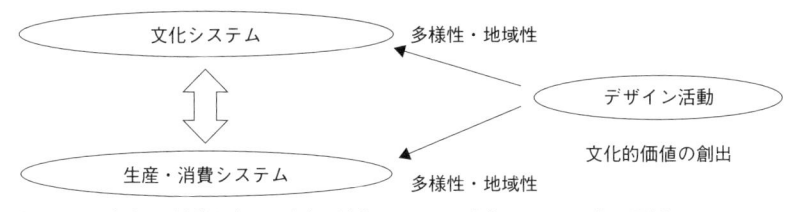

図3-2 デザイン活動を介した生産・消費システムと文化システムの相互関係
(筆者作成)

してのデザイン活動を保障し、逆に、文化活動としてのデザイン活動が、生産活動である企業活動を価値あるものにしている。現在では経済システムが文化システムをコントロールしていると言えるが、本来、生産・消費システムと文化システムはそれぞれ相互に影響を与え合うものであろう。コスタリカの事例は、デザイン活動が独自の文化的価値を創出することで、生産システムを変化させると同時に文化システムも転換させていく可能性があることを示している。

5．なぜファッション分野なのか

　ここでは事例の意味をデザイン活動の側から考察するため、ファッションデザインの特質を明らかにしながら、今後のデザイン活動の可能性について考えていくことにする。ファッションデザインの特質を明らかにすることによって、今後のデザイン活動の可能性がより明確になると考えられるからだ。

　現在のファッションデザインは、画一化やグローバル化への反動として、アーティスティックなものや工芸的なものに価値を見出す傾向も見られ、社会的、環境的な観点を重視した表現メディアとしての提案も増えてきている。すでに車や家電製品のデザインではなく、ファッションデザインが最も注目される分野となり、他のデザイン活動を牽引しているようにも見える。社会学などの研究が物語るように、ファッションは何よりも文化の表象である。

　第1に考えられるファッション分野のデザイン活動の特質は、文化的価値の提案によって成立しているという点である。特に現代ではその特質は顕著だ。造形作家が作品をつくるように、イデオロギーを含め、独自の価値の創出が容易であり、文化的前衛性が高い活動も可能となる。芸術作品と同様に表現活動のみとしても成立するため、自立性の高い活動となっている。デイヴィッド・スロスビー

が提示する芸術作品が有する文化的価値の分類（Throsby［2001］pp.19-43）を、ファッションデザインの文化的価値に当てはめてみると、スタイルや造形的要素、テクスチュアなどの《美学的価値》、象徴的な意味の生産、コミュニケーション、情報としての《象徴的価値》、社会と自己との関係、アイデンティティ、社会における自己表現としての《社会的価値》、イデオロギー、思想性を含む《精神的価値》をあげることができる。これら様々な文化的価値がファッションを成立させているのであり、だからこそもともとデザイン活動自体に多様性が約束されている分野であると言える。もちろん車や家電や日用品でも文化的価値の提案は可能であり、どのような製品にも文化的価値は含まれているものである。しかしファッションデザインでは、その主な目的が独自の文化的価値を創出することにあり、文化的価値の存在自体がデザイン行為を成立させているところに特質がある。ファッションが現在注目されているのは、近代の機能化や標準化に代わって様々な文化的価値が求められているからであり、ファッションが一番文化的価値を提案しやすい対象となっているからであろう。提案された文化的価値は、経済的価値を生むと同時に、イデオロギーや美意識といった無形の文化資本としても地域に蓄積していく。独自の文化資本の蓄積によって、独自の文化・経済システムが維持され、イタリアやフランスの例のように、国の文化力あるいはソフトパワーの形成につながっていくと考えられる。

　第2に、デザイン活動における生産形態上の制約が少ないという点があげられる。つまり、ファッションの世界は、生産形態における柔軟性、多様性を持っていると考えられる。近代デザインの代表である自動車や家電のデザインと比べると、その特質は明らかになる。自動車や家電は、機能や生産形態があらかじめ決定されており、コンセプトを含むデザイン活動の範囲が制約されている。一方、ファッションデザインは、コンセプトやクリエイティビティの方から技術や生産形態を決定することができる。わかりやすく言えば、デザイナー自身だけで製造できる程、生産における柔軟性を持っているのである。大量生産はもとより、少量多品種生産、オートクチュール、家庭での仕立てに至るまで、生産形態は多様である。ここでもまたデザイン活動に多様性と自立性が保障されているのである。流行という意味のファッションは、近代化、特に資本主義によってもたらされた。規模の経済化、商業化は消費を煽り、新しいものや変化への欲望を増幅させてい

った。確かにファッションは過剰消費が煽られやすく、資本主義の矛盾を代表する分野であると言えるが、生産形態に内在する多様性から、また独自の文化的価値を提案できるという特質によって、デザイン活動を自立的で多様なものにすることができると考えられる。

　事例は、独自の文化的価値を提案しやすいファッション分野が、技術や資本に制約されずに、デザインする人が自らのコンセプトやクリエイティビティを発揮できる独自性を保ったデザイン活動、いわば、自立的なデザイン活動を展開しやすいということを示すものでもあった。逆に自立的なデザイン活動が独自の文化的価値の提案を可能にしている側面もあると言える。実際のファッションデザインの世界は、著名なデザイナーによる活動だけでなく、むしろ、売れ筋を再現するだけのデザイン活動によって成立している。しかし、デザイナーによる起業やファッション企業に限らず、独自の文化的価値を提案できる企業活動や自立的なデザイン活動は様々に見受けられる。例えば、「無印良品」は、流行に関係なく独自の文化的価値を提案している。そのデザイン活動のスタンスは消費者や売れ筋に迎合することなく、常に独自性を保ち、消費者の享受能力を高めるものとなっていると言えよう。文化的価値の提案を目指す自立的なデザイン活動は、生産・消費システムや文化システムを転換する可能性が高いと考えられる。

6．起業が生み出すデザイン活動の可能性

　コスタリカの事例は、文化資本の特質や他の資本との関係を知る上でも示唆を含んでいる。アグリビジネスや観光産業にとって、環境、つまり自然資本は最も重要な開発ファクターである。しかし、コスタリカ自身が問題を抱えているように、その活用には自然資本自体を損なうリスクも伴う。巨大な多国籍資本は、今日ではむしろ環境破壊を生み出すものとして捉えられるようになっている。その類似性にも関わらず、「自然資本は自然の恩恵によってもたらされるのに対し、文化資本は人間の創造活動によってもたらされる（Throsby［2001］pp.44-60）」のであり、文化資本は、スロスビーが指摘しているように、活用によってむしろ強化される。無形の文化資本であるデザイン活動は、その地域独自の文化資源である文化資本のストックを活用しながら、独自のデザイン製品という有形でフローの文化資本を生み出す。デザイン活動という文化資本を活用することによって、

有形・無形の文化資本が蓄積、強化され、独自の文化システムが形成されていく。文化資本はまた、人的資本の価値を高めるものである。人的資本と文化資本の概念の類似性への指摘（Throsby［2001］pp.44-60）は、文化資本の重要性を否定するものではなく、文化の存在が人的資本を成立させていることを意味し、人的資本は文化資本の活用によってその価値が高められるということを示すものである。コスタリカは、国家予算に占める教育予算の割合の高さなど、人的資本の育成に努力してきたことが国のアイデンティティにもなっており、それがインテル社の企業誘致成功の要因とも言われている。しかし、人的資本だけでは、内発的な発展の実現は難しい。また、自然資本を枯渇させるリスクを軽減することも容易ではないだろう。研究では様々な要因が指摘されているが、輸入代替工業化の破綻が示している要因のひとつは、途上国に豊富な文化資本が活用される構造を構築できなかったことにあるのかもしれない。工業化による自立を目指しながら、近代化の進んだ先進国の技術や資本を借りるその過程は、自然資本だけでなく、自国の文化資本を切り捨てていく過程でもあった。これまで周辺地域では、文化資本は、生産システムの中で十分に活用されてこなかったのである。事例が示すのは、無形の文化資本であるデザイン活動が、人的資本の価値を高め、自然資本枯渇のリスクを軽減しながら、外資に頼らない国内産業の育成を可能にすることであったと考えられる。

　コスタリカの事例はまた、生産・消費システムや文化システムの相互依存性を考える上で示唆的である。どこの国や地域も、生産・消費システムを代表とする世界的な経済システムの中に組み込まれており、4節で言及したように二重の意味で、途上国だけでなく先進国の地方部なども独自の文化システムが脅かされているといえる。言わば、先進国や先進地域からの文化の輸入超過により、文化の輸入代替化が必要な状況となっている。文化の自律、つまり独自の文化的価値を作り出せる構造を回復させることが、独自の文化システムを維持させることになり、さらに、文化だけでなく、経済の多様化をもたらし、経済システムを強化させることにつながるのではないだろうか。

　近代的経済システムの中で、デザイン活動は、生産の付加的な要素であって消費を促進するためのツールであった。つまり、経済システムがデザイン活動を決定し、多様で自立的なデザイン活動を制限していたのだ。大企業における多くの

デザイン活動は、消費者に対してではなく、むしろ実際のクライアントである大企業自身に対して行われる。消費者主導という意味は、企業の生産形態や利潤追求に都合のいい、より多く売るためのものづくりを指していることが多い。売るためのデザイン活動は自立したデザイン活動とはなっていなかったのである。事例は、逆に、独自の文化的価値を創出できる自立的なデザイン活動が、生産・消費システム、文化システムを持続可能なものへと転換し、環境負荷も軽減する可能性のあることを示している。

　ウィリアム・モリスがモリス商会で実践したのは、事例と同様、自立的なデザイン活動であり、イデオロギーを含む文化的価値の提案であったと考えられる。生活や社会の変革を目指す中で、大衆との乖離が生じ、矛盾を抱えることにもなったが、文化的価値の提案を可能にする自立的なデザイン活動の重要性は変わらないはずである。モリスが挑戦した起業を伴うデザイン活動は、現在ではむしろ、持続可能なシステムへの転換の重要な要素となる可能性が高い。持続可能な社会の形成にとって、自立的なデザイン活動や文化的価値を提案できる環境や構造をつくることは重要であり、そのための政策が求められているのである。

7．現場から政策へのアプローチを考える

　事例を通して示してきたように、起業を伴ったデザイン活動・デザイナーによる起業は、生産・消費システムに多様性をもたらし、文化資本の強化・蓄積を通して持続可能な社会形成に貢献する可能性が高い。デザイン活動として見た場合、自立的で独自の文化的価値を提案する活動になっていると考えられる。

　デザイナーによる起業は、実際にファッション分野だけでなく文具や日用品など各デザイナーが生産できる対象の範囲内で、世界的に広まっている。ラテンアメリカではもともとインフォーマルな形態での生産・販売活動が多く、小規模な起業は生活の中にとけ込んでいる。そのため、デザイナーによる起業も事例が豊富である。ラテンアメリカのデザイナーによる起業で最も大きな動きや影響を生み出したのは、アルゼンチンのブエノスアイレスである。ブエノスアイレスでは、2001年の経済危機の際にサバイバルをかけてのデザイナーによる起業が、ファッション分野を中心に次々と起こり、それがパレルモソーホーと呼ばれるデザイン地区、デザインショップのクラスターを生み出すことになった（第4章参照）。

前章で見たように、ブラジルでのデザイナーによる起業は、社会的経済の実践や社会的企業の創出につながっており、伝統工芸の再生や地域活性化にも貢献している。その背景には、貧困対策や社会包摂などの社会政策や地域活性化政策、中小企業政策、起業政策などの産業政策、フェアトレードを含む連帯経済の実践などが存在し、それらが複合的にデザイナーの起業家の成立に影響を与えてきた。

　起業を伴うデザイン活動が発展し、国や地域の産業活動や文化資本の強化に貢献していくためには、様々な側面からの支援政策が必要である。当然その前提として、デザイン振興の対象の中に、起業を伴うデザイン活動を含めることが必要である。大部分の国のデザイン振興政策は、デザイナーによる生産・販売活動を想定していない。デザイン活動を行うデザイナーやデザイン事務所を対象としたものと、デザイナーを活用する企業を対象としたものに分かれ、企業へのデザイン活動導入が中心的取り組みとなってきた。しかし、今まで述べてきたように、文化資本の活用や文化資本の強化を促進しやすい起業を伴うデザイン活動の意義は明らかであり、デザイン振興政策として、起業を伴うデザイン活動の支援を位置づける必要がある。

　その際、重要な観点として、先に述べたシステムの相互依存性を考慮した政策のあり方が重要となる。つまり第1には、文化政策と産業政策双方からのアプローチとその連携が必要であろう。文化政策の1つとして、美術館等におけるデザイン作品の展示やフォーラム、セミナー、フェアなどの文化的イベントは大きな意味を持つ。デザイン活動が文化的価値を創出する文化活動であることを広く知らせるとともに、鑑賞者の享受能力や関係者のデザイン活動へのインセンティブを高めるからである。コスタリカでは現代美術・デザインミュージアム（MADC）がその中心的機能を担ってきた。デザイナーによる起業が成立するためには自立的な消費者の存在が欠かせない。デザインイベントに限らず、文化的イベントは鑑賞者となる一般市民の文化享受能力を向上させるはずで、それが自立的な消費者を創出することにつながる。「文化的イベントは、デザイナーの資質を高め、デザイン活動への意欲を刺激するための装置としてとても重要だ」とコスタリカデザイナー協会副会長のディノラ・カルバージョ（Dinorah Carballo）は指摘する。カルバージョはデザイン関係の展覧会の企画に携わる他、アート作品の制作・発表も行っている。文化政策は、文化資本活用の促進、文化資本の強化につながる

ものとして位置づける必要があり、文化政策は産業振興にとって重要な政策であるとの認識が不可欠となる。産業政策としては、中小企業政策、起業政策、ICT政策、輸出振興政策などからのアプローチも必要だ。起業政策では、デザイン分野特有の性格に対応できるアプローチ、特にインフォーマルセクターのポテンシャルを考えた支援なども必要であろう。

コスタリカではデザイン活動振興の取り組みは現在まで、経済商工省（MEIC）ではなく、文化・青年省（MCJ）が行ってきた。アリアス政権時に中小企業活性化と創造産業育成が目標に掲げられ、デザイン分野の振興が注目されて以来、経済商工省と文化・青年省が連携してデザイン活動を振興するようになっている。前述したMADCとDIGEPYME（中小企業支援局）によるデザイン調査も連携の成果だ。デザイン活動の状況を把握し、デザイン関係者の意見や要求を吸い上げることは、起業を伴うデザイン活動を振興する上でも重要である。2009年から取り組まれているデザインフェアの開催も、文化機関のMCJ・MADCと産業経済機関のMEIC・DIGEPYMEの連携によるものである。また、連携を進めるためにはデザインセンターなどのプラットフォームを創設することが効果的と考えられ、調査報告書でもその必要性が提言されている。DIGEPYMEのセシリア・コルデーロ（Cecilia Cordero）は、「現在デザインセンター設立に向けて取り組んでいるところで、デザイン振興のための課題は多いが、MADCやデザイナー協会の人たちとも相談しながら、デザイン研修やインキュベーターの取り組みも始めている」と話す。

第2に、起業を伴ったデザイン活動の振興政策として、環境政策や社会政策との連携も必要だ。コスタリカのデザイナー起業の特徴の1つとして、リサイクルなどエコデザインに取り組んでいる例が多いことがあげられる。デザイナーなどによるリサイクル製品の生産・販売は、近年急激に増えており、新聞記事でも特集されるようになっている。コスタリカ市内のホテルの一角でリサイクル製品を販売しているクリスチーナ・アギラール（Cristina Aguilar）もその一人である。コスタリカの環境やエコツーリズムにも貢献したいと考えて活動を始めたという。環境に関する公共政策は、汚染問題やエネルギー問題に限らない。デザイナーの起業は、ゴミ問題の緩和や生物多様性の維持にも貢献できる可能性が高い。また、雇用の創出やソーシャルデザインの推進という面でも、社会政策との連携は必要

である。コスタリカでは、連帯経済の実践はほとんど見受けられず、NPO活動など市民社会組織の活動は弱い。ソーシャルデザインの取り組みはほとんど見受けられないのが実状である。しかし、筆者の行った聞き取り調査によると、デザイナーの起業家たちの中には、社会問題の解決などに貢献したいと考えている人も多くおり、今後は社会政策や市民社会組織などとの連携が期待される。ブラジルやアルゼンチンなどでは、デザイナーが社会的企業をつくり、市民社会組織や行政、大学、コミュニティなどと連携してソーシャルデザインに取り組むなど、多くの事例が見受けられる。社会政策との連携は、持続可能な社会形成にとって不可欠であり、ソーシャルデザインを推進する上でも、起業を伴ったデザイン活動の役割は大きいと考えられる。

　第3に、起業を伴うデザイン活動は、地域活性化政策の対象としても位置づける必要がある。事例に取り上げたルクレシア・ロリアの起業は、農村地域で実現されたものである。カルタゴ県のイラス火山の麓に位置するティエラ・ブランカ村（Tierra Blanca）は彼女の生まれ育った村で、ジャガイモとタマネギの産地だ。以前は電話もつながっていない地域であった。生産の規模を拡大するために、この村に工場をつくり、地元の村人を雇った。村から見れば新しい産業や雇用の創出になっているが、ルクレシアは、農村での起業について、「地元の人には一から製造の技術を教えなければならなかったが、地元の人は一番信頼でき、急に仕事を辞めたりすることもなく、起業家の側から見ると、経営上のリスクを抑えることにつながっている」と指摘する。起業を伴うデザイン活動振興の地域政策と連携した取り組み例として、アルゼンチンの政府機関の工業技術研究所（INTI）によるフェルトプロジェクトがある。地域振興という目的だけではなく、サスティナブルデザイン、バリューチェーンの問題解決の一環として、デザイン部署を中心に2008年から取り組まれてきた。それまで原料の輸出にとどまり、不要部分は焼却されていた羊毛の繊維をフェルトに加工して、付加価値のある製品を生み出すことによって環境に優しい地域の産業創出につなげていく試みである。INTIによるフェルトの加工技術のワークショップを通して、すでに多くのデザイナーがフェルト製品を生産・販売するようになっているが、正式にデザインを勉強したことがない地方の市民にも同様の機会を与えることになった。ネウケン州の牧畜地域チョス・マラル（Chos Malal）に住むイネス・モラ（Inés Mora）と

リリアナ・モンテノボ（Liliana Montenovo）は、研修を受けるまではデザイン活動の経験はなかった。2009年から帽子やバッグなどのフェルト製品をつくるようになり、MoyMoというブランド名でフェアなどを中心に販売をしている。2人は「たまたま、INTIのワークショップに参加して、フェルトの製品づくりが自分たちにあっていることがわかった。INTIのお陰で、新しい仕事を見つけることができた」という。「デザインの専門教育を受けた経験はないが、頭に浮かんだデザインをスケッチしながら、製品の構想を練っている。原料は主に、地域の牧場の協同組合から購入している。原料の産地で良かったと思う。ワークショップで習ったことを他の人にも伝えている。現在の課題は今後どう販路を開拓していくか。将来は、もっと製品の質を高め、仲間をもっと増やし、活動を拡大していきたい」と語る。2人の例は、政策的アプローチによって、デザイナーのいない地方部でも起業を伴ったデザイン活動が成立する可能性を示すものだ。チョス・マラルでのワークショップは、INTIだけでなく、社会開発省の「私の村」プログラムと、地元の役場や文化会館などとの連携で実施されている。前章のブラジルの工芸製品による起業でも、地域政策や社会政策などとの連携がポイントとなっていた。起業を伴ったデザイン活動の振興は、地域政策として、地域の社会政策、文化政策などとの連携によって取り組まれることが有効であろう。

　また、地方の活性化に大きく関わる観光政策との連携も重要である。コスタリカでは、エコツーリズムを含む観光産業は外貨獲得の大きな柱であるが、デザイン政策と観光政策との連携ができている訳ではない。リゾート地での商業活動を行っている起業家も存在するが、リゾート地進出にはお金や時間がかかり、なかなか実現できないのが現状であると言う。海外からの観光客への販売を期待して起業した前出のクリスチーナ・アギラールは、「観光客にとって、市内ホテルは各地方のリゾート地へ移動する通過点に過ぎず、観光客は市内のホテルではなく、お土産をリゾート地で購入する。しかしリゾート地への進出はリスクが高く、経済的に難しい」と指摘する。観光政策との連携は、リゾート地にも文化的価値の発信や経済的メリットを与え、デザイナーの起業のリスクを軽減する可能性があると考えられるが、地方のリゾート地とデザイナーたちが連携できるような仕組みをつくることが求められる。

　次に、コスタリカの現状や現場の声を基に、起業を伴うデザイン活動の推進・

支援のためのより具体的な手立てを提示してみたい。もちろん起業を伴うデザイン活動振興のためには、地域や状況に応じた支援体制が必要であり、現場の声に注意を払う必要がある。しかし、ここで取り上げるコスタリカの現状や現場の声は、日本のデザイナー起業の振興・支援政策を考えていく上でも参考になると思われる。

　第1に重要な支援は、展示・販売の機会や場の創出である。起業家となったデザイナーにとってデザイン活動が実を結ぶのは、製品の販売においてである。ルクレシア・ロリアは、「デザイン活動は製品をつくるために存在するもので、製造され、消費者のもとに届かなければ意味がない」と強調する。何よりも、商業活動の取り組みは重要である。アルゼンチンでもブラジルでもコスタリカでもきっかけとなったのは、フェアなどの展示・販売の機会である。アルゼンチン・ネウケン州のフェルト製品の取り組みも、展示・販売される機会があったからこそ、デザイン活動が成立し、起業に結びついている。また、ブラジルは連帯経済の実践としてのフェアが様々に存在し、起業を推進している。コスタリカのMADC主催のデザインフェアでは、多くのデザイナーが自分の製品を販売するため出品参加している。ブエノスアイレスでは、市のデザインセンターがフェアを開催してきた。商業活動が展開しやすい環境は、フェアなどのイベントによってまず作り出される。前章で取り上げたブラジルの工芸品の生産・販売の活性化も、フェアやイベントなどへの参加が背景となっている。筆者によるデザイナーへのインタビューやMADCによるデザイン調査でも、展示・販売の機会を提供するフェアの推進を望む声は多い。

写真3-12　古い建物を利用したTienda eÑe
（筆者撮影）

　コスタリカの特徴的な動きとして、デザイナーの起業家たちによるおしゃれな店舗の共同利用がある。例えば、Casa927、Kiosco San José、Tienda eÑe、inmaculada、Eskinearte、¡Ay Carmela!、Cacao Tessileなどが代表的な店舗である。Kiosco San Joséは2007年にサスティナブルデザインのブティックとして開店、約35人のデ

ザイナーによって手工芸的に作られた製品を販売している。オリジナル家具や音楽、文学、アート作品なども展示・販売されている。店内にはカフェもあり、地域文化プラットフォームにもなっている。コロニアル様式の建物の一角を利用した Tienda eÑe は、5人のデザイナーを含むオーナーによって運営されている。衣類から文具まで60人近いデザイナーの製品を取り扱

写真3-13　Casa 927で自分の製品を販売するナンシー・レジェス　　（筆者撮影）

っている。連帯的商業モデルと自称するCasa927は、瀟洒な外観の建物を利用し、工芸的につくられたコスタリカのオリジナルデザイン製品をコーナーごとに販売している。アクセサリーや靴、衣類、文具など、デザイナー自身も各自のコーナーで販売活動を行っている。カフェも運営されており、出会いの場や地域文化にアクセスできるプラットフォームとして機能している。Casa927で、リサイクル素材によるアクセサリーを販売するナンシー・レジェス（Nancy Reyes）は、「Casa927 のようなイニシアティブは、私たちデザイナーにとってとても重要。商業活動の大きなバックアップやプラットフォームになっている」という。レジェスは、それぞれ違うブランドを運営している同じコスタリカ大学建築学科出身の仲間2人と一緒にここで販売活動をしている。1コーナーを3人で共有しているため、「経済的にも助かり、販売活動も融通が利く」。inmaculada は事例に取り上げたナタリア・コルデーロが経営する店舗である。ここでは自分の製品だけでなく、同じようなデザイナーの起業家たちによる製品も多く販売している。同時に、コルデーロは他のデザイナーや起業家たちの経営する10箇所の店舗でも販売している。鞄と文具のブランド"cueropapel&tijera"を持つソフィア・プロッティ（Sofia Protti）は、コスタリカ工科大学のインダストリアルデザイン科を卒業後、皮革製品の伝統的な技術を守るために起業した。現在、Tienda eÑe、Eskinearte、¡Ay Carmela! など8つの店舗で販売しているが、順調に利益を伸ばしているため、近く自分の店舗を開店させる予定である。

　デザイナーたちが製品を販売するこれらの店舗は、1カ所に集積している訳で

第3章　コスタリカ：起業するデザイナーたち ─── 97

はなく、サンホセの市内各地に点在しているが、どの店舗もおしゃれな空間が演出され、明らかに一般的な店舗の趣きとは異なっている。2011年のクリスマス時期には、これら7つの店舗が連携して、コンサートなどを含むイベントを実施している。自身の店舗を持つには投資・資金が必要になり、起業家としてのリスクも高まる。コスタリカで見られる販売店のシェアリングは、リスクを回避し、展示や販売の機会を増やすための1つの解決策となっていると考えられる。この動きから示唆されるのは、Casa927の取り組みに見られるような連帯的商業モデルへの支援や行政自身での創設である。近年コスタリカでは、税関や刑務所の古い建物をコンバージョンして、ミュージアムに再生させるなどの取り組みが見られる。建物の保存の動きと連携して、デザイナーの製品販売のための商業施設をコンバージョンすることも1つの支援策となろう。

　第2に、交流の場の創出やネットワークの形成への後方支援である。コスタリカは個人主義の傾向が強く、彼ら自身が指摘するように、デザイナー同士が連携したり、集団活動することはほとんどなかった。現在でも大学同士の連携はほとんど見受けられないのが実状である。しかし近年、デザイナーによる起業の増加と並行して、ネットワークや集団による活動が注目されるようになっている。2011年、60人という規模であるが、コスタリカデザイナー協会"Punto D"が設立された。コスタリカデザインビエンナーレ展を開催するなど活動を活発化している。協会の副会長であるエウヘニア・ブレネス（Eugenia Brenes）自身も、Casa927でアクセサリーを販売している起業家である。同協会の会員であるフリエッタ・オディオ（Julieta Odio）は、国外でも活躍しているジュエリーデザイナーである。友人と共同でアクセサリーの学校を経営するとともに、ウェブサイトなどを通して自作のジュエリーを販売しているが、「最近感じるのは、交流や協力の大切さ。自分のデザイン活動を発展させるためには、他のデザイナーとの交流やネットワークが大切」という。

　コスタリカでは、デザイナー有志による「国際デザインフェスティバル（Festival Internacional de Diseño）」なども開催され、集団活動に関心が寄せられるようになった。フェスティバルの主催者の1人であるアルフレッド・エンシソ（Alfredo Enciso）も「コスタリカではこういった動きが今までなかった。イベントは盛況で、皆この取り組みを支持してくれている」と語る。しかし、こういった

活動は起業と同様、その維持が難しい。交流の場を構築しやすい環境、維持しやすい環境をつくるための後方支援が必要である。起業には、特に同じような立場の人と交流・連携できる場が必要で、ブエノスアイレスでも、フェアなどのイベントがその役割を果たした。「交流の場」が「創造の場」や「問題解決の場」「協同・協力の場」につながり、起業のリスクも軽減できると考えられる。

　第3に情報へのアクセスを容易にする手立てである。政府支援として、情報へのアクセスを保障するメカニズムが必要であると、MADCのデザイン調査でも指摘されている。また、筆者のインタビューでも国際的なデザインや市場についての情報サービスの必要性を指摘する人が多かった。インダストリアルデザイナーのアルフレッド・ゴンサレス（Alfredo González）は、「政府がどのようなデザインプログラムを実施しているのか、ほとんどのデザイナーに届いていない。私は視野を広げ、情報を得るために大学のデザイン学科で講師もしているが、大学でさえ情報へのアクセスが不十分な状況だ」と指摘する。コスタリカに限らず、情報へのアクセスの保障については、大学や市民社会組織を巻き込んだシステムの構築が必要であると考えられる。

　第4に情報発信への支援である。大企業とは違い、TVなどのメディアで情報を発信することができないデザイナーのほとんどがfacebookなどのSNSのサイトでその製品を紹介し、販売活動につなげている。コスタリカでは、製品やブランドについての情報発信は、独自のウェブサイトよりもSNSの利用の方が多い。ベリタス大学のルイス・フェルナンド・キロスは、弟が経営する機械部品工場のウェブサイトを彼自身が手がけた時の反応から、「情報を発信できる環境が大切」と指摘する。「僕のつくったウェブサイトを見て、必要な機械部品がコスタリカ国内で生産されているのを初めて知った業者から注文があったのだが、その業者はそれまでアメリカに発注していたらしい。各個人の情報発信を容易にするための工夫も必要であるが、行政側のアプローチとして、

写真3-14　デザインジャーナリストでもあるルイス・フェルナンド・キロス
（筆者撮影）

第3章　コスタリカ：起業するデザイナーたち——99

デザイナーたちの活動が一般市民にもアピールするような取り組み、消費者に興味を持ってもらうための情報発信も必要だ」と感じたという。実はコスタリカでは、起業家の活動を応援するための企画番組が一般の注目を集めている。起業のアイデアを提案する応募者の中から優勝者を選び、銀行が経済的に起業を支援する企画であるが、勝ち残った提案者には、エコデザインを推進したいデザイナーも含まれている。キロスは「デザイン振興では、この番組の企画のように、目に見える形でデザイン活動やデザイナーの起業活動を紹介し、支援していく必要がある」と指摘する。また、そのためには継続的取り組みが重要であると重ねる。「コスタリカでは、近年様々なデザインイベントが開催されるようになったが、単発的で、一過性のものになってしまう傾向がある」からだ。キロスはデザイン振興のあり方についても様々なところで発言をしている[5]。

具体的支援策としては、他にも、研修の機会の提供やマイクロクレジットサービスの提供などが考えられる。研修では、技術的研修の他、会社管理・経営に関わる知識、輸出や知的所有権などについての知識の習得が不可欠であろう。インタビューしたデザイナーの多くは、様々な問題や悩みを抱えている。例えば、ルクレシア・ロリアやソフィア・プロッティたちは役所へ提出する書類の煩雑さなども指摘している。原料や設備品の調達の困難さについても不満が多い。不満や悩みには、国や地域特有の傾向や背景があり、問題解決やその支援には独自の取り組みが必要であろう。いずれにしても重要なのは、起業を伴ったデザイン活動の意義の理解をベースとした、柔軟で創造的なアプローチである。起業家となったデザイナーたちは日々問題に直面し、創造的な解決を迫られている。支援する側が、彼らのアプローチから学ぶことも多いのではないだろうか。

・注
1 PPP（Puebla Panama Plan）はもともと2001年に中米統合機構のドナー会合で発表された「21世紀の中米近代化のための地域戦略」計画をベースにしているが、メキシコのフォックス大統領がメキシコ南部9州を加えた総合計画として提案し、中米諸国に受け入れられたものである。8つのイニシアティブと29のプログラムが設定されており、米州開発銀行が中心になって実施されている。資金配分は広域インフラ開発が中心になっていて、貧困削減など社会開発分野への割当が非常に少なく、多国籍企業のための開発になっているとの指摘もある。国際協力銀行開発金融研究所［2003］『中米諸国の開発戦略』p135

2　Dengo Obrigón, Jorge Manuel［2007］"*Plan Nacional de Desarrollo 2006-2010*", Ministerio de Planificación Nacional y Política Económica（国家計画経済政策省）http://www.mideplan.go.cr
2005年に250人以上の学術・企業・機関・政策関係者が関わって完成させた『21世紀戦略：コスタリカのための科学技術半世紀計画（Cruz, Arejandro, Macaya, Gabriel compilador［2005］'Estrategia Siglo XXI：un plan de Medio Siglo en Ciencia y Tecnologia para Costa Rica', PROYECTO ESTRATEGIA SIGLO XXI）』の現状分析・戦略をベースに策定されている。この中では、多面的な分析を基に、①人間社会開発、②経済・生産開発、③エネルギー・環境開発、④知識社会開発を柱とした戦略が述べられており、金融メカニズムの定着、中小企業支援プログラムなど、中小企業振興もうたわれている。
3　http://www.madc.cr/descargas/estudio_o-d_diseno_gam_cr.pdf
4　ルイス・フェルナンド・キロス氏　ベリタス大学でデザインを教える。以前はコスタリカ大学、コスタリカ工科大学でも教鞭を執っていた。キュレーター、デザインジャーナリスト、随筆家、アーティストとしても活動。コスタリカのデザインの概観についてまとめた、「Ojeada al diseño de producto en Costa Rica」原稿を本人の許可を得て本稿の参考資料としている。
5　http://www.experimenta.es/users/luis-fernando-quiros など

第4章
アルゼンチン：ソーシャルネットワークを生かす

本章で取り上げたアルゼンチン（共和国）は、新しいデザイン活動の活発化が見られる国の1つであり、注目するのはデザイン関係者によるソーシャルネットワーク（以下ネットワークと表記）を通した活動である。ここでのネットワークとは、目的を共有し、他の人や組織との共同や協力によって活動の発展を目指す社会的なつながりのことを指す。これまでも共通の目的を持ったデザイン関係者のつながりがなかったわけではないが、ネットワークの有用性を自覚し、積極的につながりを持とうとするデザイン関係活動の広がりは、近年まで見られなかった。アルゼンチンは、植民地時代からの格差を代表とする社会的経済的構造上の問題を抱え、新自由主義的な経済政策の影響により、失業、経済格差の拡大、社会的排除など社会問題が深刻化した国として有名である。しかし一方で、社会的経済（ここでは連帯経済と同じ意味：第2章、第5章参照）を含むオルタナティブな実践や、社会運動、市民社会セクターによる活動などの活発化をもたらした国でもある。市民社会セクターとは、具体的には、NPO、NGOなどの民間非営利組織、民間政策研究機関、民間財団、草の根住民組織、協同組合などを指す。「市民社会」については様々な議論や定義が存在するが、ここでは国家でも市場でもないサードセクター（第2章参照）と同じ意味で使っている。連帯、相互性、集団性の価値に基づきながら、社会正義、平等、環境への持続性を目指すもので、ラテンアメリカでは特に、貧しい人々が生き残るために必要なものとして捉えられている。社会運動、市民社会セクターの活発化やICTの発達を背景に、多くのデザイン関係者が、目的に応じたネットワークを構築しながら、市民社会活動や社会的経済の実践と連携したデザイン活動、デザイナーによる起業、学術的交流、デザイン活動やその政策に関する議論などを展開している。ネットワークにより促進されているこれらのデザイン関係活動は、持続可能な社会システム形成の重要な要素となっており、また同時に文化的にも意義のある活動になっていると考えられる。

1．社会関係資本と文化資本のフレームから考える

　デザイン活動でのネットワークの活用については、ブエノスアイレス大学（UBA：Universidad Nacional de Buenos Aires）建築・デザイン・都市計画学部（FADU：Facultad de Arquitectura, Diseño y Urbanismo）工業デザイン学科のベ

アトリス・ガラン（Beatriz Galán）教授が実践・研究を深めている。ガランは、地域開発や社会開発を目的としたデザイン活動を社会に普及させるための研究・実践プロジェクトを実施している。プロジェクトの内容は、NGOやミクロ企業を相手に、デザインの技術移転や技術支援をすることであり、様々な組織との連携のなかで実施されている。プロジェクトでは、社会的経済の実践のためのデザインマネージメントモデルの開発やデザイン専門教育の新たな方向を探していくことも目標とされてきた。ガランによれば、「シナリオとしての技術変革、メソッドとしての参加型アクションリサーチ、目的としての内発的発展、複合システムとしての地域（Galán［2007］p.26）」を前提として、ネットワークが社会開発・地域開発のためのデザインの実践に不可欠の要素となっている。取り組みの背景として「70年代のアルゼンチンの工業化の失敗には内発的な生産開発のプロジェクトを欠いて」おり、「イノベーションと理解されていたのはフォーディズム型開発の模倣効果であった」こと、「職人のネットワークは破壊され」、「経済危機後には多くの市民が新しい生産力としてではなく、生活保護の対象と見なされていた」ことや、「地域の問題と受け取られた社会的分裂のプロセスは、生産力にダメージを与え、社会関係資本や知識資本の形成を弱めるようなアクター間の信頼の欠乏の現れであった」などの認識が存在する（Galán［2007］pp.27-28）。ガランは、デザインプロセスをイノベーションプロセスとして見なしており、イノベーションを成立させるには、市民社会を始めとする様々なネットワークが不可欠であると指摘している（Galán［2007］p.29）。デザイン活動でもネットワークを活用することが重要であるとの考えは、個々のプロジェクトを支えただけでなく、彼女自身の教育・研究のあり方を変えることにもつながった。ガランはさらにプロジェクトを発展させるため、同じようなデザイン活動の実践・研究をしている研究者たちの情報を共有・交流するための国を超えたネットワークである「RED」をウェブサイト上に創設している。REDという名称は、Registro de Experiencias de Diseño（デザインの経験の記録所）という言葉の頭文字をとったもので、スペイン語でちょうど「ネットワーク」を意味する言葉である。

　ガランはまた、「私たちのプロジェクトの一番重要な目的は、生産構造の再構築に変化していき、社会的経済セクターのサバイバルのイニシアティブとの連携を模索した。生産文化の普及による社会的テーマの再構築、つまり社会関係資本

の形成に貢献することが目的となった（Galán［2007］pp.28-29）」と述べ、デザイン活動を社会関係資本の形成に貢献するものとして位置づけている。ガランの共同研究者でもあるペドロ・セナール（Pedro Senar）も、論文「社会関係資本の開発のためのデザインとイノベーション（Senar［2007］）」で、社会関係資本形成を目的とするデザインプロジェクトについて取り上げている。社会関係資本という概念は、パットナムを始め、1990年代より研究テーマとして急速に広まった概念であるが、ラテンアメリカにおけるその役割の重要性を示唆する研究も多い。例えば、Bernardo Kliksberg［1999］「社会関係資本と文化：発展のマスターキー（Social capital and culture：master keys to development）」、CEPAL［2002］『ラテンアメリカの社会的概観2001-2002（Social Panorama of Latin America 2001-2002）』などである。また、世界銀行のソーシャルキャピタルイニシアティブなどが示すように、持続可能な発展に不可欠な要素としても捉えられている。さらに、Stolle Dietlind & Hooghe Marc（eds）［2003］『社会関係資本の形成：比較的観点からの市民社会と制度（Generating Social Capital：Civil Society and Institution in Comparative Perspective）』や篠田武司［2009］「社会関係資本と「安心社会」」篠田武司・宇佐見耕一編［2009］『安心社会を創る』などで、市民社会との相乗効果も指摘されている。ガランは、デザイン支援・実践におけるネットワークと、研究の普及、学術交流促進のためのネットワークという二重のネットワークをすでに活用しているが、2007年～2010年、マル・デル・プラタ大学の研究ディアナ・ロドリゲス・バロス（Diana Rodrigues Barros）と共同で、「アクションリサーチネットワーク RED とウェブ2.0[1]」など、ウェブ2.0を通したネットワークの強化に関する研究を行っている。ガランの研究・実践は、社会的な持続可能性の観点から今後のデザイン活動のあり方を考察する上で、重要な手がかりになると考えられる。つまり、市民社会活動やICTを背景としたネットワーク活用によるデザイン活動が、社会関係資本の形成・強化を通して、社会的な持続可能性を高める要素となる可能性を示唆するものであると考えられる。

　さらにここでも、スロスビーの持続可能性に対する文化資本の原理を手がかりとする。《世代内公平の原理》は、「所得階層、所得グループ、地理的カテゴリーなどの観点から見た、文化資源および文化資本から得られる利益の公正なアクセスに関する現代の世代の権利を主張するもの」であるが、文化資本が公平に活用

されたり享受されたりすることで、社会システムの持続可能性が高まることを示している。デザインを文化資本として把握すれば、文化資本としてのデザインは、デザインされた製品としての、経済的価値を生む有形の文化資本というイメージが強い。しかし、第1章で述べたように、デザイン活動を無形の文化資本として見るとき、例えば、利潤追求のため大量生産・消費型の経済活動としてのシステムをつくっている場合と、社会問題の解決のために、NGOなどとネットワークを組みながらのデザイン活動を行っている場合とでは社会システムへの影響が大きく変わるはずである。大企業や先進国だけがデザイン活動という無形の文化資本を行使し恩恵を受けるのではなく、デザイン活動の享受者が一部の恵まれた人だけではない社会的文化的状況を生み出すことが、社会システムの持続可能性につながるのではないか。持続可能な社会システムのための文化資本の活用のあり方は、デザイン活動自体が公平や公正といった原理に依拠することによって、社会的な面で持続可能性を高められることを示唆していると考えられる。公正さや公平さは、民主的で安定した社会を構築するための重要な観念であるが、デザイン活動という無形の文化資本を公平に活用、享受できること、つまり、デザイン活動を民主的に活用できることが社会的な持続可能性を高める要素の1つと考えられるのである。

　社会関係資本の概念やネットワークとの関係については、社会学、政治学、組織論などですでに様々な研究が存在する。社会関係資本と文化資本や創造資本との関係についてもブルデューなどの議論が存在する。しかし、この章では、これらの研究とは異なる理論的枠組みから、つまり、ガランの研究・実践の成果を踏まえ、スロスビーの文化資本の概念を基に、デザイン活動のあり方を考えることとする。

2．経済危機から創造産業振興へ

　アルゼンチンは、人口4,076万人、国土面積278万平方キロメートルを有する農業大国である。主要産業は大豆油、穀物、牛肉、加工食品、自動車製造などで、スペイン系やイタリア系を中心とする白人が97％を占める。産業面では農牧業への過度の依存や工業化の失敗などが指摘されてきた。70年代後半と90年代の2度にわたる新自由主義的経済改革を実施し、他のラテンアメリカ諸国の中でも

極端な通貨・金融危機、対外債務危機に陥った国である。特に2001年末には反政府暴動などブエノスアイレス市中が争乱状態となり、短期間による複数の大統領の交代劇など政治的危機も発生した。翌年には、大ブエノスアイレス圏の失業率が18.9％、貧困人口の比率は54.0％に達するなど失業率、貧困率が史上空前の悪化を記録した。新自由主義的経済改革後は、それまでの大土地所有制度、不平等税制、特権層の過剰奢侈消費、外国資本の過度の影響などの構造的問題が温存されただけでなく、さらに失業・貧困の増加、格差の拡大、社会保障の後退などの問題が生み出されることになった。このような中で、広がりを見せていったのは、社会運動や市民社会組織による活動である。1995年以降、地域通貨活用による財やサービスの交換クラブの活動であるトルエケ（Trueque）、貧困者や失業者が社会扶助の給付と失業の解消を求めて行った道路封鎖を手段とする運動のピケテーロ（Movimiento de Piqueteros）、銀行口座凍結に対して、銀行や国会前などに集結し鍋や食器類を叩いて行った抗議活動のカセロラッソ（Cacerolazo）、地域規模で自発的な対話や討論をする近隣住民集会の活動であるアサンブレア（Asambleas barriales）などに代表される社会運動や抗議活動がアルゼンチン全土で活発化していった。2003年の大統領選で反新自由主義政策を掲げて当選したキルチネル政権は、それまでのペロン党（正義党）の枠組みを超え、社会運動組織との協調を重視することになった。フェルナンデス政権（正義党・2007年〜）も、同じ路線を踏襲している。

　2003年からは、農畜産物の輸出の好調もあり、グローバル金融危機の影響を受けた2009年を除いて、GDP成長率はほとんど毎年8％以上を記録した。2010年の1人当たりのGDPは9,138ドルとなり、2001年の経済危機以前以上の水準に回復している。また、失業率や都市貧困人口比率なども2001年の経済危機以後は改善されてきている（図4-1、図4-2参照）。但し、ジニ係数では、1999年の0.542から2006年に0.510（CEPAL［2007］）と少しの改善は見られるものの、他国と比べれば格差の構造は歴然としている。一層の社会開発が望まれている状況と言える。また、アルゼンチン経済は現在好調であるものの、長期的には農産物だけに頼らない経済開発が必要であり、産業の多角化が望まれる。

　アルゼンチンはまた、2000年の都市化率が90％と、ラテンアメリカの中でも突出した都市への人口集中が見られる国であり、1950年に62.2％であった都市部

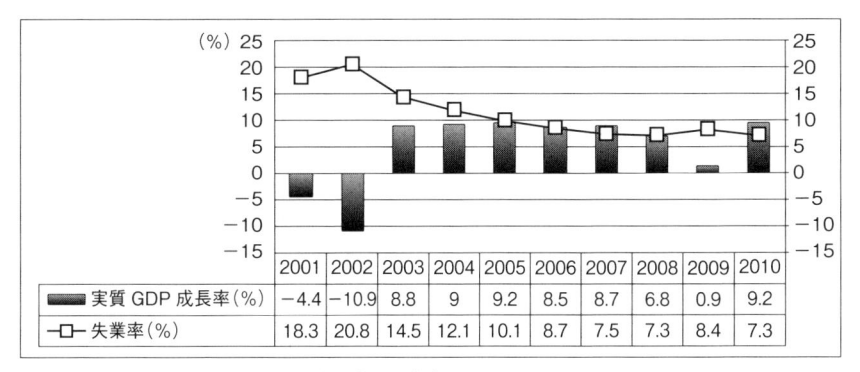

図4-1　アルゼンチンの実質GDP成長率と失業率

	2001	2002	2003	2004	2005	2006	2007	2008	2009	2010
実質GDP成長率(%)	-4.4	-10.9	8.8	9	9.2	8.5	8.7	6.8	0.9	9.2
失業率(%)	18.3	20.8	14.5	12.1	10.1	8.7	7.5	7.3	8.4	7.3

（アルゼンチン国家統計・センサス局（INDEC）をもとに作成）

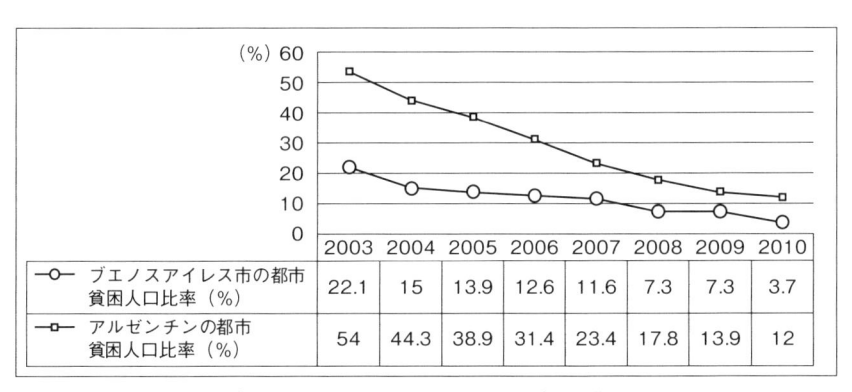

図4-2　アルゼンチン・ブエノスアイレス市の都市貧困人口比率の変化

	2003	2004	2005	2006	2007	2008	2009	2010
ブエノスアイレス市の都市貧困人口比率（%）	22.1	15	13.9	12.6	11.6	7.3	7.3	3.7
アルゼンチンの都市貧困人口比率（%）	54	44.3	38.9	31.4	23.4	17.8	13.9	12

（アルゼンチン国家統計・センサス局（INDEC）をもとに作成、比率は第1セメスターの数値のみを使用）

人口の対総人口比が、1990年には86.9％に達するなど、都市化が急激に進んだ地域でもある（CEPAL［2003］）。アルゼンチンにおける都市への人口集中化は、インフォーマルセクターの肥大化をもたらし、貧困問題をはじめとする様々な社会問題をもたらした。大ブエノスアイレス圏は1千万人の人口を抱えている。ブエノスアイレスは、経済、文化の中心である一方で、都市問題の深刻な地域でもあった。アルゼンチンにおいて、市民社会主導の地域・社会開発は、都市における社会排除や貧困など社会問題を民主的かつ柔軟に解決する上で重要な動きとなっている。

ブエノスアイレス市（連邦首都区／自治都市）のマクリ市長（共和国提案党・2007年〜）は、2001年の経済危機によって立ち上がった市民社会組織の活動をきっかけに政界進出を果たした。様々な社会問題の解決を迫られているブエノスアイレス市政にとっても、市民社会組織の存在を無視することはできない状況となっている。2011年の市の社会開発省予算11億9,712万8,500ペソの内訳において、市民社会強化課の予算は、1億3,711万9,647ペソ（約360万ドル）で、第3世代（高齢世代）局の1億5,646万4,415ペソなどと同等の規模となっている[2]。また、近年ブエノスアイレス市では、特に創造産業の振興に力を入れている。市が発行している『ブエノスアイレス市の創造産業年次報告2009（ANUARIO2009 Industrias Creativas de la Ciudad de Buenos Aires）』によると、2008年の市経済における創造産業セクター（出版・音楽、オーディオビジュアル、ビジュアルアーツ・舞台芸術、クリエイティブ関連サービス（広告、文化施設、インターネット、デジタル電話、ソフトウェア＆ビデオゲーム））の貢献率は、建設（6.32％）、ホテル・レストランサービス（4.99％）などを抜いて8％であった。2008年の同セクターの付加価値（名目）は175億3,500万ペソ（約47億ドル）になり、1990年から2009年にかけて、新たに6万人以上の雇用を生み出している。また、アルゼンチン全体の2002年から2009年にかけての創造産業セクターの輸出額は、4億3,700万ドルから23億3,500万ドルへと、5倍の成長を見せている。アルゼンチン政府も文化産業振興に力を入れるようになっており、2011年からは観光省や文化庁が中心になって「アルゼンチン文化産業市場（Mercado de Industrias Culturales Argentinas：MICA）」の取り組みも始まっている。ブエノスアイレス市の2011年度予算において、経済開発省予算3億8,222万5,320ペソの内、創造産業課の予算は952万2,000ペソ（約260万ドル）となっている[3]。ブエノスアイレス市の経済的発展にとって、創造産業の振興は重要課題であるが、同時に社会問題の解決や社会包摂など、社会的発展も重要課題となっており、今後の持続的な社会形成のためには、両者を結びつけていく手立てが求められていると言える。

3．高まるデザイン分野の貢献
（1）　中央政府によるデザイン政策
　2003年、産業省産業局に、産業競争力の新しい重要ファクターとしてのデザ

インを振興させる目的で、国家デザイン計画（PND：Plan Nacional de Diseño）の政策が導入された。製造分野でのデザイン導入の推進、デザインネットワークの開発、研修やイベント組織化のプログラム開発、国家デザイン計画自体の制度的強化がその中身である。デザインネットワークの開発については、デザイン会社、教育機関、各地域などを網羅した、オープンで、連携的、非競争的な水平的構造の構築を目指しているのが特徴となっている。PNDのウェブサイトには、研究論文も掲載されており、どのような議論や研究がなされているのかがわかるようになっている。PNDコーディネーターのベアトリス・サウレット（Beatriz Sauret）は、「ブエノスアイレス市へのデザイン活動の集中に対して、現在、地方部へのデザインの浸透を目指す取り組みに力を入れており、特に家具製品のプロジェクトを実施している」と話す。また、2011年から、産業省のグッドデザイン賞のプログラムも始まったばかりである。「ようやくという感じですが、日本のグッドデザインマークの取り組みも参考にしている」と付け加えた。

写真4-1　フェルトプロジェクトの本を紹介するラケル・アリッサ氏　（筆者撮影）

　国立工業技術研究所（INTI：Instituto Nacional de Tecnologia Industrial）のインダストリアルデザイン研究開発センターは、国全体のデザイン振興のためのプログラムを実施する機関である。INTIによるデザインプログラム：Prodiseñoは、連携、研修、情報、ネットワーク、研究の領域で構成されている。近年は、デザインセンター長ラケル・アリッサ（Raquel Ariza）が中心となり、社会的経済との連携やサスティナブルデザイン、バリューチェーンの取り組みの一環として、テキスタイル部署などと連携したフェルト製品のプロジェクトに力を注いでいる。農牧地域の産業振興につながる取り組みとして期待されており、2011年にこの取り組みの本も出版されている。INTIのウェブサイト内の「デザインを話しながら」というページでは、地域開発、産業におけるデザイン、社会開発、サスティナブルデザイン、歴史、マテリアルとプロセス、ユーザビリティと人間

工学、イノベーションの項目別に研究論文・事例が掲載されている。多様な分野のスタッフを集めるなど人員が刷新され、デザインの統計、数値化の取り組みもされるようになっている。国全体のデザインセクターの国内総生産に占める割合は、2004年の0.40％から2007年の0.44％に増加している（Calcagno y D'Alessio [2009]）。

（2） ブエノスアイレス市のデザイン政策とデザイン活動の興隆

　ブエノスアイレス市は、デザイン活動の中心地であり、国内のデザイン活動のほとんどがここに集中している。デザイン、文化産業、観光の分野がブエノスアイレス市のGDPの17％、雇用の16％を担っているとともに、国内のアパレル産業の5割、文化産業の8割がブエノスアイレス市に集中している[4]。市内にあるブエノスアイレス大学では、デザイン・建築関係学生が1万4,000人在籍し、他に私立デザイン教育機関が30校以上存在する。ブエノスアイレス市は、2005年、ユネスコの創造都市ネットワークのデザイン都市に認定された。認定の背景として、新しい製品を生み出す国内最大の市場となっていること、高付加価値製品の製造が要求されていること、多くのデザインの専門家や研究センターの存在、伝統的にラテンアメリカの文化的中心地であったことなどがあげられる。

　デザイン振興の拠点として、2000年に市文化省文化産業課の管轄下（現在は、経済開発省）にメトロポリタンデザインセンター（CMD：Centro Metropolitano de Diseño（写真4-2））が創設されている。市では、CMD、インキュベーター、デザインフェアのインフラ構築のために、2,520万ドル（約25億円）の公共投資が行われた。CMDの建物は、元魚市場であった建物をコンバージョンしたもので、資金の大部分が改修工事に充てられた。CMDの存在はそのエリアの悪化した環境を回復する意味も持っている。敷地面積は1万4千平方メートルで、1,500人収容の展示場（3千平方メートル）、デザイン・イノベーション研究所（IMDI）、

写真4-2　メトロポリタンデザインセンター　（筆者撮影）

インキュベーター（IncuBA）、創造産業課のオフィスなどの施設が含まれる。年間250万ドル（約2億5千万円）の予算が組まれ、インタラクティブ・デザイン、ファッション、戦略的デザインの振興などを掲げ、ファッションブエノスアイレス、ドレゴ（Dorrego）デザインフェアなど多くのイベントが実施されている。また、ブエノスアイレス市がユネスコの創造都市ネットワークのデザイン都市に認定されて以来、デザイン都市を目指す他の都市への協力や、創造都市ネットワークに関わる国際イベントへの参加など、デザイン都市の代表機関としてもその務めを果たしている。

『創造産業年次報告2009』では、インダストリアルデザイン、グラフィックデザイン、ファッションデザインなどのデザインサービスも創造産業と位置づけられているものの、デザイン分野としての統計調査が困難なため、衣類、履物、皮革製品の分野をデザイン集約型産業と見なし、これをデザイン分野に置き換えて調査を行っている。年次報告によると、ブエノスアイレス市のデザイン集約型産業の総生産額は、2003年から2008年にかけて倍増し、約84億ペソ（22億ドル）に達している（図4-3参照）。さらに近年、公共空間の向上を目指した都市プロジェクトなど、デザイナーや建築家を巻き込んだ活動が多く見られるようになっている。ピュアデザインフェアでは、300のブースが開設され、8万人が訪れた。プロダクトエリアにおけるメガイベントとして、ブエノスアイレス・デザインビジネス（BAND：Buenos Aires Negosios de Diseño）が開催されている。2010年10月には、『国際デザインフェスティバル』が開催され、ヨーロッパ、ラテンアメリカ、南アフリカのデザイン展示やユネスコデザイン都市サミット・オープンパネル他様々な催しが行われた。

（3） 地域連携の振興

ラテンアメリカでは、地域連携におけるデザイン振興活動も盛んになっている。ラテンアメリカデザイン協会（ALADI：Asociación Latinoamericana de Diseño）は、1980年に中南米17カ国によって創設され、アルゼンチンに事務局を置き、振興活動を行っている。アルゼンチンが参加するメルコスール（南米南部共同市場）においても、ユネスコの協力で家具デザインのコンクール、文化産業振興の取り組みが実施されている。また、広域連携の動きの1つとして、2008年から

マドリッドのデザイナー協会の企画、サンタンデール銀行の後援で開催されている「イベロアメリカデザインのビエンナーレ展」(マドリッド)がある。スペイン、ポルトガル、ラテンアメリカ諸国から選出されたデザイナーによる作品が展示される。2010年12月に開催された第2回ビエンナーレでは、デザインの社会的側面を強調した、貧困、社会的排除に対するデザインのアイデアが募集されている。後述するように、国を超えた学術的交流も増加している。

4. 進むネットワーク化

　中央政府や都市レベルのデザイン政策の推進、デザイン産業、デザイン活動の活発化が見られる中で、様々なタイプや目的のデザイン活動に関わるネットワークの存在が目立っている。ここでは、ブエノスアイレスを中心に進んでいるデザイン関係活動のネットワーク化について社会的持続可能性を高めるものとして注目し、いくつかの事例を取り上げ、その目的や内容について見ていく。

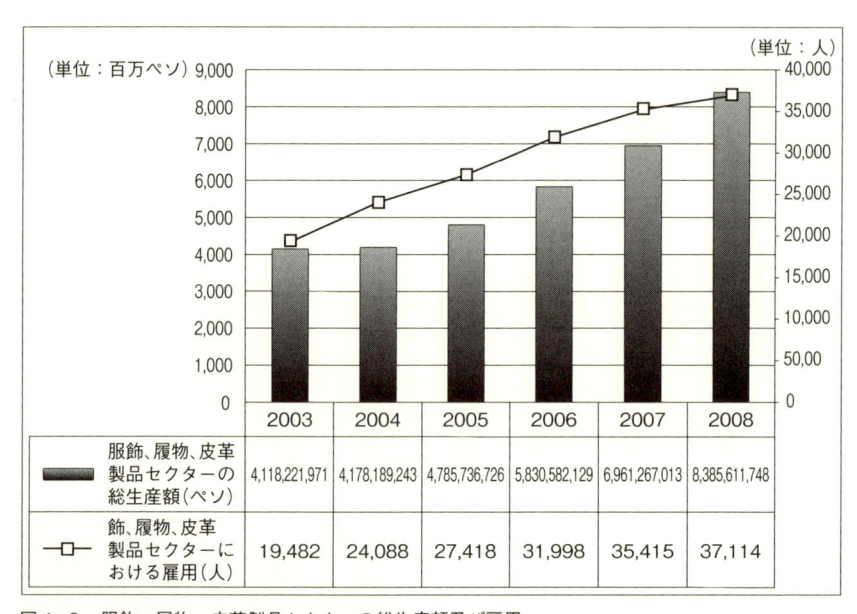

	2003	2004	2005	2006	2007	2008
服飾、履物、皮革製品セクターの総生産額(ペソ)	4,118,221,971	4,178,189,243	4,785,736,726	5,830,582,129	6,961,267,013	8,385,611,748
飾、履物、皮革製品セクターにおける雇用(人)	19,482	24,088	27,418	31,998	35,415	37,114

図4-3　服飾、履物、皮革製品セクターの総生産額及び雇用
(Dirección de Industrias Creativas y Comercio Exterior, Ministerio de Desarrollo Económico, Gobierno de Ciudad de Buenos Aires [2010] *Anuario Estadística 2009 Industrias Creativas de la Ciudad de Buenos Aires*, Buenos Aires をもとに作成)

① RED

RED（http://www.investigacionaccion.com.ar/）は、ブエノスアイレス大学建築・デザイン・都市計画学部のガラン教授を中心とした実践的研究（Investigación Acción：アクションリサーチ）の学術交流ネットワークである。1989年頃から、スイスの大学との協定を発端として、市民社会組織、政府プログラム、ミクロ企業関係へのデザインの技術協力を行っていた。1999年から2003年までは、地域・社会開発を目的とし、社会的経済や市民社会セクターと連携したオフラインのパイロットプロジェクトとして展開していたが、2004年からブエノスアイレス大学の科学技術プロジェクトの資金を得て、デザインの技術支援の経験を交流するためのプラットフォームとしてウェブ上にREDを創設し、REDのネットワークを通してプロジェクトを発展させるようになった。ガランは、「ネットワークは、ラテンアメリカ独自の発展ルートを目指す上で重要な要素で、教育的な相乗効果を生み出すとともに、研究・実践を複合化、具体化させていった。それが、デザインを地域の発展に、大学を地域につなげることになった」と説明する。

代表研究者としては16人程度であるが、学内では4つのゼミ、国レベルでは9つの研究、イベロアメリカレベルでは8つの研究連携ネットワークを形成しており、ウェブサイトには月7,000件のビジター、5GBのダウンロードがある（Galán, Rodríguez [2009]）。実践経験は、「小規模生産におけるデザイン」「社会的起業のためのデザイン」「環境マネージメントのためのデザイン」「参加型デザイン」「デザインと工芸」「地域開発とデザイン」「イノベーションマネージメント」「新しいテクノロジー」「デザイントランスファーのネットワーク」の研究項目に分かれ掲載されており、ネット上で誰でも閲覧できるようになっている。

実践例には、中央政府のスラム改善プログラムとの連携で行われたインタラクティブ模型やピクトグラムの開発、

写真4-3　学生の提出作品を見て回るガラン教授
（筆者撮影）

第4章　アルゼンチン：ソーシャルネットワークを生かす

ブエノスアイレス市社会開発省の「私たちの仲間（Nuestras Familias）」プログラムとの連携の簡易店舗の提案、社会的企業の製品開発への協力、宗教 NPO カリタスとの連携で行われた編み物工芸のワークショップ、中央政府社会開発省の募集によりマノス・デ・デルタ協同組合と一緒に行った工芸生産ラボの実施、ブエノスアイレス市の社会プログラムの技術的支援活動、精神科病院のセラピーサービスなどと連携した障害者による生産活動への協力などがある。プロジェクトでの連携は、国立陶芸研究所、大統領府文化局アルゼンチン伝統工芸市場、Prodiseño、パッケージ研究センター、エクアドルの皮革商工会議所やメトロポリタンデザイン研究所などの公的機関・プログラムから、ミクロ企業、社会的企業、NGO、生産協同組合、財団まで多岐にわたっている。

　類似したネットワークとして、DISEÑOLA（Organización Latinoamerica de Producción Intelectual en la disciplina del Diseño：ラテンアメリカデザイン学知的生産組織）や NODAL（Nodo Diseño AmericaLatina：ラテンアメリカデザインのノード）などがある。DISEÑOLA は、アルゼンチンを含むラテンアメリカ10カ国の16人の委員会メンバーで運営される組織である。デザインについての研究や知識の交流を目的とし、ウェブサイト（http://www.disenola.org/）では、記事、E-book、マルチメディアの項目に分かれて意見や研究の交流ができるようになっている。また NODAL（http://www.nodal.com.ar）は、ラテンアメリカの現実を基にしたデザインの研究、普及のためのネットワークである。マニフェストには、社会包摂や人間環境に関わっていくことなどが明記され、デザインの社会的重要性を自覚し、より良い公共性や連帯、相互協力関係のための活動を生み出す機関であることを謳っている。

② Foro de Escuelas de Diseño

　Foro de Escuelas de Diseño（デザイン教育機関フォーラム http://fido.palermo.edu/servicios_dyc/encuentro2008/02_foro_escuelas/01_foro_escuelas.html）は、ラテンアメリカ・ヨーロッパのデザイン教育機関による学術交流のネットワークである。2006年、私立のパレルモ大学デザイン・コミュニケーション学部（Universidad de Palermo Facultad de Diseño y Comunicación）主催によるラテンアメリカ・デザイン・エンカウンター「デザイン・イン・パレルモ」で創設された。フ

ォーラムは231機関、319人で構成される国を超えた大規模なネットワークを持っており、研修、連携、経験の交流を目的とする毎年恒例のエンカウンターでは、ラテンアメリカとヨーロッパの20カ国以上から8,000人近くが参加している。デザイン・コミュニケーション学部によって運営されているフォーラムは、オスカル・エチェバリア（Oscar Echevarría）学部長が代表者と

写真4-4　コーディネーターのビオレッタ・セプス氏
（筆者撮影）

なっているが、フォーラム（エンカウンター）のコーディネーターのビオレッタ・セプス（Violeta Szeps）が、年間を通してその企画運営に当たっている。セプスは、「参加費が無料で、多くの人が参加できるイベントになっている点が大きな特徴」であるとし、学術的ネットワークではあるが、誰でも参加できる開放性を強調する。また、「学生、卒業生によるデザイン製品の展示販売の「私たちのデザインフェア」や、パレルモ地区の120のブランドが参加する「良いデザインはパレルモにある」のイベントなど、エンカウンターと同時開催することによって、地域やデザインコミュニティの活性化に貢献している」と付け加えた。ネット上で様々な情報や資料を提供する他、半年毎にエンカウンターの成果"Actas de Diseño"も出版されており、ウェブサイトから全てダウンロードできる[5]。セプスは、「この本もこのネットワークによってできた成果だ」と、ラテンアメリカをテーマにしたポスターコンクールの作品集を示した。第2回エンカウンターでは「デザインと社会」「デザインと経済」「デザインと教育」「デザインとアイデンティティ」「デザインとテクノロジー」「デザインと認識論」の委員会に分かれ、発表が行われている。例えば2009年のエンカウンターの発表内容には、ALADI会長パオロ・ベルゴミ（Paolo Bergomi）によるコミュニティ活性化のトトラプロジェクト、INTIのデザインセンター長であるラケル・アリッサによる社会的経済と連携したサスティナブルデザインのプロジェクトなども含まれている。2010年、第5回エンカウンターでは、この取り組みを通して、ラテンアメリカで初めてのデザイン教育の学術団体が誕生した。

大学関係の学術的ネットワークとしては他に、デザイン学科のラテンアメリカ連合を形成する観点から、学術のプラットフォームとして2007年に創設され、研究政策、教育政策、開発地域のための技術移転政策・プログラム、環境についての地域政策などの探究を目的としている DiSUR（Red Argentina de Carreras de Diseño en Universidades Nacionales：アルゼンチン国立大学デザイン学科学術ネットワーク http://www.disur.edu.ar/）、ブエノスアイレス大学のデザイン学科により2008年に創設された「より納得のいく生活のための情報のデザイン」のネットワークである InfoDESIGN（http://redinfodesign.org）などがある。

③　Diseño Club
　Diseño Club（デザインクラブ http://www.disenioclub.com.ar）は、工芸的な製品作りをしているラテンアメリカのデザイナーの紹介やその製品の販売を主な目的としたネットワークである。2001年の経済危機によって仕事を失い一人で活動していたデザイナーたちを見て、ネットワークの必要性を認識したアンヘレス・ベオテギ（Angeles Behotegui）が中心になり、2003年に創設された。ネットワークは、自分で製品開発・生産を行っている独立デザイナー200人によって構成されている。参加している個々のデザイナーは、その製品を展示し、販売するためのオンラインスペースをそれぞれ所有できるシステムになっている。また、このネットワークでは、独立デザイナーだけでなく、大学生、生産者、ディベロッパー、起業家、商店経営者、観光者、デザイン愛好家などとのつながりも生み出している。ネット上では、アイデアや意見の交流、デザインの仕事の募集の情報提供など、多目的な場も提供されている。創設にあたっては、「とにかくデザイナーの仕事を創出していくことを第1の目標にした。デザイナーとユーザー・消費者との強い結びつきを大切にしており、本当に興味を持ってくれる消費者一人ひとりにそのデザイン製品を届けられるようにしている。

写真4-5　Diseño Club 代表のアンヘレス・ベオテギ氏　　　　　　　　　　（筆者撮影）

クライアントにはヨーロッパの愛好家も含まれている」とベオテギは話す。アクセサリー、バッグ、オブジェ、子供用品、男・女性服、ランジェリー、編み物、靴などを取り扱っているが、「品質のレベルを守るため、ネットワーク加入希望者の面接を行っている。オリジナルであることを重視し、類似した製品は提供しない仕組みを維持している」と言う。「地方での展開も目指しており、構成員に対しては、少数グループでの交流も計画している」と今後の方向性も示す。消費者に対しては、イベントや、注目デザイナー、製品見本、推薦サイトなどについての情報をデジタルニュースレターで送る他、デザインや写真などのサービスも提供している。ウェブサイトでは、デザイナーのインタビュー記事も掲載され、デザイナーの考えや姿勢がわかるようになっている。また、バーチャル店舗だけでなく、フェアへの参加やショールームでの展示販売も行っている。オンラインでは、メトロポリタンデザインセンター（CMD）、パレルモ大学、後述のCreatividad éticaなど30以上のリンクを持っている。また、ラテンアメリカ・デザイン・エンカウンター2010へ参加し、その活動について発表している。

　他に、独立デザイナーのための製品展示・販売のバーチャル空間の創出を目指したネットワークとして、DISEÑO para VOS（あなたのためのデザイン http://www.disenioparavos.com.ar）や、ArconDiseñosというグループによって運営されているBeliving Fashion Day（ビーリビング・ファッションデー http://elarcondisenios.blogspot.com）などがある。ビーリビング・ファッションデーの参加者に要求されているのはデザインのオリジナリティであり、毎月第2土曜日のファッションデー実施に向けて、希望者は自分のデザイン製品の写真をメールでグループのブログサイトに送ることになっている。

④　Contenidos de Diseño
　Contenidos de Diseño（デザインコンテンツ http://www.contenidosdisenio.blogspot.com）は、ヘルマン・ラング（Germán Langg）が中心になって、2009年につくられたデザイナー起業家連合（Asociación de Diseñadores Emprendedores）のネットワークで、30人のデザイナー起業家で構成されている。デザイナー起業家とは、デザイン活動だけでなく、会社やブランドを持って、自ら製品を生産、販売しているデザイナーを指す言葉で、コスタリカの事例で取り上げた「起業を

伴ったデザイン活動」を行うデザイナーと同じ意味を持つ。このネットワークのメンバー自身がデザイナー起業家と自らを称している。メンバーの多くがCMD主催のドレゴ・デザインフェアに出品参加し、そこで知り合ったメンバーだ。メンバーはそれぞれ独自のブランドを持っていて、量販回路によらない、工芸的な製品づくりを実行している。ネットワーク自体は民主、自主、非利益を原則に、協同組合的なシステムのもとで運営されており、社会的企業や協同組合、NGOなどとの連携なども視野に入れている。フェアトレードなどエコロジー的にも社会的にも責任を持った製品づくり・販売、また自覚的な消費者をつくっていくことなどが同一目標となり、ディベロッパーやクライアントと連携し、輸出戦略など、個々の起業家だけでは難しい課題も取り組まれている。「最初は、デザインフェアを開催する場を創出するため、何人かのデザイナーが工房に集まることで活動が始まった。それまではデザイナー同士話し合う機会がなかったが、一緒にいることで、独立して仕事をするための様々な課題が「グループセラピー」のような形で議論されるようになった。原材料などの購入、ディベロッパーとの交渉、予算の割当、イミテーションの出現への対応など、ほとんど皆同じ問題を抱えていることがわかった」と、ラングは創設当時を振り返る。経験の交流、工芸家、ディベロッパーやクライアントとの団体交渉、生産・販売および研修スペース、プロモーションウェブサイトなどが、ネットワークによって生み出されていった。共同での物資購入、設備の共同活用などによる経費の削減、共同でのアイデア創出、集団であることにより、テーマによるコレクションのイベントを計画することができるなども利点となっていると言う[6]。これらの起業家の中には個人やグループで自分の店舗を経営している者もいて、例えばラングと数人の仲間は市内にショールームを持っており、日常的には、ショールームや個人のウェブサイトを通して製品を販売している。2011年の産業省による「グッドデザイン賞（Sello de Buen Diseño）」では、男性用ファッションのラングを

写真4-6　左からメンバーのアナスタシオ、ボギアーノ、ラングの各氏　　（筆者撮影）

はじめ、皮革によるアクセサリーのマリア・ボギアーノ（María Boggiano）、女性用ファッションのヒメナ・アナスタシオ（Jimena Anastasio）、オブジェ雑貨のパウラ・コンビーナ（Paula Combina）など、このネットワークから複数のメンバーが受賞している。

⑤　FOROALFA

　FOROALFA（アルファフォーラム http://foroalfa.org/）は、デザインに関する議論の場を提供するデザインジャーナリズムのネットワークであり、ウェブサイトを主要媒介としている。ブエノスアイレスのグラフィックデザイナー、ルシアーノ・カッシシ（Luciano Cassisi）を代表として2005年に創設された。ラテンアメリカ、スペインの執筆者213人の協力によって運営されており、アルゼンチン、メキシコなどを中心として、世界中に約10万人の登録者を有している。ウェブサイトでは毎週新しいニュースや記事などが提供されているとともに、登録者は誰でも議論やコンテンツの創出に参加できるようになっている。議題は誰でも自由に設定でき、投稿された記事は原則的には全てウェブサイト上に掲載される。投稿された記事に対しても、誰でも自由に賛成・反対意見を投稿することができ、その意見が全て掲載されていく仕組みになっている。議論のテーマや対象は、ソーシャルデザインやコミュニティのためのデザイン、サスティナブルデザインなどの近年関心の高いものも含め、デザイン事例からイデオロギーまで幅広い。例えば、2010年7月26日のディベートのコーナーでは33種類のテーマが掲載されており、「デザインとは何か」「デザインはアートか」「デザインは独自の目的を持っているか」など哲学的、倫理的な内容についてのものから、「デザインの価値を高めるために何をすれば良いか（掲載記事に対して143の意見あり）」「雇用されているデザイナーは1ヶ月いくらの給料をもらっているか（掲載記事に対して358の意見あり）」「FIFA2010のシンボル・ロゴの

写真4-7　自身が経営するデザインオフィスで話すカッシシ氏　　　　　　　（筆者撮影）

デザインは良いか（掲載記事に対して321の意見あり）」の身近な内容までが対象となっている。最初はデザイナーの意見を掲載し、ニュースとして流すだけのものであったが、インタラクティブなやりとりがインターネット上でできるようになってから、現在の意見交換ができるシステムに変化していった。発足以来、ウェブサイトの運営はほとんどカッシシが、自分のデザイナーとしての仕事と両立させながら行っている。「意見の交流の場をつくりたくて、ボランティアで運営を始めた。後ろ盾となっている著名なグラフィックデザイナーのノルベルト・チャベス（Norberto Chavez）などを含め、国を越えたネットワークになっている。10万人もの登録者がいる FOROALFA のような活動は、自分の知りうる限りでは見たことがない。毎週結構な数の意見が集まる。字数制限などはあるが、基本的には投稿された原稿は全てウェブサイトに掲載する方針を崩していない」と話す。またオフラインで、前衛的なデザインや将来に向けたデザインについてのセミナーや研修も行っている。そこでは、反省会議やディベート、提案のプレゼンテーション、事例報告なども行われ、パネラーだけでなく参加者を巻き込んだ話し合いが行われている。2008年〜2009年はブエノスアイレスで開催され、学生、教員、デザイン関係者含めて300人以上が参加した。2011年には、登録者数がアルゼンチンを越えて一番多い、メキシコで開催された。

⑥　Creatividad ética

　Creatividad ética（倫理的クリエイティビティ http://www.creatividadetica.org）は、デザイン分野のクリエイティビティを社会に普及するためにつくられた市民連合組織のネットワークである。デザインの研究、議論を推進するための、開かれた文化交流の場であることを目指している。具体的には、デザイン産業のためのフォーラム、持続可能な発展のためのデザインのフォーラムや展示会・講演会、「緊急事態のためのデザインコンクール」、「公共政策とデザインの国際エンカウンター」などの企画・開催や CMD や INTI、Diseño Club、FADU（ブエノスアイレス大学建築・デザイン・都市計画学部）などの行政機関やデザイン関係機関と連携した様々なデザインイベントへの参加など精力的に活動している。デジタル雑誌を発刊しており、サスティナブルデザインやインクルーシブデザインなどの記事を、ウェブサイトから自由に見ることができる。連携機関は、分野、国

内外を問わず多岐にわたっており、他のデザインネットワークとの連携も多い。2007年、ブエノスアイレス市にNPOとして創設された。会長のベロニカ・シアグリア（Verónica Ciaglia）を中心に、13人のメンバーに加え、35団体が関与している。共同創設者のルシアーノ・アルカラ（Luciano Alcalá）はデザイン分野を専門とする弁護士として、著作権問題や法整備の情報を大学の講座や講演だけでなく、このNPO活動を通して普及している。アルカラは、メルコスール・ユネスコ主催の創造産業振興フォーラムCREATEなどにも企画協力した経験があり、現在このNPOの活動として、南米諸国のデザイン振興政策の交流やネットワークの形成にも取り組んでいる。2010年5月、このNPOとコロンビア国立大学、ブエノスアイレス市のCMDの共催、ウルグアイデザインクラスターの協賛によって組織された「公共政策とデザインの国際エンカウンター」が開催された。2011年11月には第2回エンカウンターがコロンビアで開催されている。シアグリアは、「このエンカウンターではラテンアメリカのデザイン政策マネージメントの様々なモデルの経験を共有することやデザインと公共政策のマネージメントの知識の移転の場を生み出すこと、デザインの公共政策のための推奨や原則に関する文書の作成などが目指されている。第2回のエンカウンターでは、今後の取り組みとして、ソーシャルデザインの資料化も話し合われた」と話す。今後の様々な取り組みでは、「日本の組織・団体とも是非連携していきたい」と付け加えた。

写真4-8　代表のベロニカ・シアグリア氏
（筆者撮影）

　同様のネットワークとして、Raiz Diseño（ルーツデザイン http://www.raizdiseno.org/）などが存在する。Raiz Diseñoは、アルゼンチン出身のデザイナー、ラウラ・ノビック（Laura Novik）を中心に創設されたNPO組織のネットワークである。デザイン活動が、より良い世界の構築にとって重要な役目を果たすために、研究・研鑽し、提案を行っていくことを目的としている。現在は、チリを中心に、アルゼンチン、ブラジル、コロンビア、スペイン、イタリア、アメリカ

などの国際的なネットワークの中で活動している。デザイン、文化、アイデンティティについてのアイデアの交流や議論を目的としていた創造的ラボ「ラテン・アイデンティティ」の集まりを発端として、2004年から2006年にかけて、ラテンアメリカの国々で10回のエンカウンターを行っている。議論の対象は、未来のビジョン、起業、イノベーション、エンターテイメント、文化、ビジネス、政策、開発など多岐にわたっている。デザインが社会構造の変化のツールになると考え、コミュニティの持続可能な発展の主導力としてのデザインの役割を、経済、環境、文化、社会の4つのベクトルの視点で捉えている。このネットワークがチリで開催した2007年の国際シンポジウムでは、「デザインの起業文化を活発化できるか」「デザインは開発政策とともに見るべきか」「デザインは中小企業に役立つか」「デザイン研究はどのようにコミュニティへ届くのか」「新しいニッチ市場 - 新しい消費モード」などのテーマで報告や議論がなされた。

5．ネットワークがデザイン活動を変える
（1） ネットワークが生み出す効果

　前節で取り上げた①から⑥までのネットワークはそれぞれ異なった規模や目的を持っており、様々な機能や効果を創出している。これらのネットワークは、デザイン教育・研究、デザイナーによる起業、ジャーナリズム、デザイン政策と網羅され、その活動はデザインと関係する全ての領域にわたって展開されていることがわかる。またこれらのネットワークは、新しいタイプのデザイン関係活動を成立させるものとなっている。

　①REDの場合、社会開発や地域開発のためのデザイン活動を社会的に定着させるプロジェクトを促進する役割を担っている。つまりネットワークの存在が、社会的問題の解決、社会包摂や社会全体の利益を目的とするいわゆるソーシャルデザインの実践を促進するものとなっている。また同時に、デザイン技術の移転が推進されることにより、それまでデザイン活動と縁がなかった地域やコミュニティ、グループ、個人に、生産販売を含めたデザイン活動を促す要素となっている。そのため、デザイン活動者の人的拡大、多様化を促していると考えられる。ネットワークの規模はそれほど大きくはないものの、ネット上で様々な経験を公開することにより、従来の学術交流とは違い、一般社会に開かれたものとなって

いる。ビジターやダウンロードの数がその広がりを裏付けている。さらに、ネットワークは研究や教育に、地域社会や他大学、海外と連携した新たなシステムを生み出す触媒となった。ソーシャルデザインを教育カリキュラムの中に取り入れることが容易になり、研究分野でもネットワークによる交流、共同研究、研修生の導入など、参加型アクションリサーチと呼ばれるメソッドを確立させることになった。大学の役割やシステムから見ると、より社会とつながった教育研究システムへの改革を促し、一般・地域社会に直接的に貢献できるものとなっている。

② Foro de Escuelas de Diseño は、デザインという学術を振興させるための交流の場を生み出している。ラテンアメリカを中心とした国際的なネットワークを通して、8,000人近くの関係者がエンカウンターに参加している。従来閉鎖的になりがちな学術交流が、ここでは無料化や交流自体を重視するその姿勢を特徴として、開かれた場を創出しており、学術の大衆化とも言える変化を生み出している。例えば、エンカウンターの内容に含まれるパレルモ地区の活性化支援イベントもその1つだ。従来の学術的枠組みを超えた姿勢が大規模な取り組みを生み出すことにつながり、1つの大学が企画運営するのは困難であるイベントを、国を超えるネットワークによって実現させていると言えよう。内容は異なっているものの、① REDと同様、大学という専門教育研究機関としての従来の役割を、より直接的に一般・地域社会に貢献するものに変化させていると考えられる。

③ Diseño Club のネットワークは、仕事や経済的利益の創出、展示販売の場の確保、経費節約などネットワークが創出するメリットをデザイナーが直接得られるものとなっていることから、一人では困難なデザイン活動や起業を支え合う働きを持っている。また同時に、デザイナー一人ひとりのコンセプトやクリエイティビティを生かした多様なデザイン活動を成立させることにつながっている。ネットワークの存在により、デザイナーとしての活動が確保され、デザイナー起業家につながる場が提供されている。

④ Contenidos de Diseño は、デザイナー起業家同士の相互扶助を目指すものであり、協同組合とも言える機能をもっている。一人ひとりのデザイナーではできない集団活動や取り組み、議論を通して、様々なメリットを享受している。フェアトレードや社会的企業との連携を目標とした活動を通して、ソーシャルデザインをネットワークの中で推進していると言える。また③ Diseño Club と同様に、

お互いのデザイン活動を支え合うことで、インハウスデザイナーでは実現が難しい、デザイナーのコンセプトやクリエイティビティを重視した多様なデザイン活動の実現に寄与していると考えられる。

こうしたデザイナー起業家の存在は、2001年の経済危機後急増し、パレルモソーホー（写真4-9）と呼ばれるデザインブランドの集積地区を生み出すなど、観光分野にも影響を与え、アルゼンチン経済に寄与している。ガランはこの間の事情を、「1983年の民政移管は、文化を解放させ、ラプラタ大学やクージョ大学に最初のデザイン科を設置させるとともに、生産者や消費者に新しいシナリオをもたらした。景気後退時、卒業生は仕事に就けず1970年から1989年にかけて服飾産業の生産高は34.3％に下落、デザイン界と産業界はお互いに信頼関係を築けない状態が2000年まで続いた。わずか8年足らずの間に服飾分野を中心としてデザイナーのイメージが大転換し、デザイン企業が生まれるようになった。ブエノスアイレスには、これらの生産を含む新しい経済回路が生まれ、デザインクラスターにつながり、最終的にはユネスコのデザインネットワークのノードに位置づけられるまでになった（Galán［2008d］p.2）」と説明している。INTIのテキスタイル開発研究センターがアンケート調査を基に2010年にまとめた『アルゼンチンにおける作家デザイナーの服飾デザイン』によると、服飾デザインの中小零細企業の85％は、2001年以降の創立であり、直接雇用756人、期限雇用650人、間接雇用2,500人を生み出している。直接雇用の73％が2〜10名の従業員規模で、49％が独自の工房を所有している。創造産業としてのデザインは、5人以下の従業員数の企業でも成立することから、デザイナー起業家によるデザイン活動は、今後の新しい産業を牽引する力となるものとして、成長が期待されている。2011年の同調査報告によると、これらファッションブランドの売上高の合計は、約4億ペソ（約9,500万ドル）になっている。このような現象は、大量生産・消費型ではない産業・経済システムを生み出すことにつながり、①

写真4-9　パレルモソーホーの一角
（筆者撮影）

REDなどによる社会的経済への貢献と合わせて、経済システムの多元化を促す要因になっていると考えられる。

⑤FOROALFAのネットワークでは、デザインジャーナリズムの場が参加者全体により創出されている。展開される議論は、デザイン関係者を主な対象としながらも一般社会に開かれたものとなっている。ジャーナリズムは本来社会的役割を持つものであるが、デザインという特殊性の中で、デザイン分野のジャーナリズムは、現在まで社会的に広がりを持つものではなかった。従来一部のデザイン関係者により生み出されていたデザインに関する言説は、より広く一般社会から生み出されるものとなり、社会とデザイン活動をつなげる機能を持っていると言える。インタラクティブで直接的な意見のやりとりを可能にするネットワークによる場は、既存のデザイン雑誌や書籍とは一線を画す開かれた構造になっている。

⑥Creatividad éticaは、社会的な側面も考慮するサスティナブルデザインの推進をしており、ネットワークの存在は、ソーシャルデザインの普及に寄与していると考えられる。また、デザイン活動に対する公共政策の重要性を自覚しており、広く市民にデザイン政策のあり方を考える場を創出している。国を超えたネットワークの知識をバックに、デザインの公共政策という従来政府などがトップダウンで行ってきた領域に、市民社会からアプローチするもので、デザイン政策のあり方の変革を迫るものとなっている。デザイン史研究者の菅靖子は、「国家機関や企業のほんの一握りの人びとによってデザイン政策が左右されるがゆえに、デザインとは力強い反面、もろいものでもある（ジョン・ヘスケット［2007］訳者あとがき p.227）」ことを指摘している。デザイン政策は、社会にも大きな影響を与えるものであるが、その策定運用は一般市民に開かれている訳ではなく、事例に見られるような市民社会組織としての活動はほとんど見られなかったのである。ネットワークによるデザイン関係活動の機能・効果をまとめたものが表4-1である。

（2）　デザイン活動の民主化
　次に、前節で示したネットワークの特徴や機能・効果についての共通点を整理することによって、デザイン関係活動におけるネットワーク活用の意味を、社会

表4-1 ネットワークによるデザイン関係活動の機能・効果

ネットワーク	組織・目的・代表・規模	ウェブサイト	機能・効果
① RED 2004〜	大学 研究実践の交流 代表 B. Galán 16人（研究者）	○	ソーシャルデザインの促進 デザイン教育・研究システムの改革 開かれた学術交流の場 デザイン活動者の多様化 社会に開かれたデザイン機関
② Foro Escuelas de Diseño 2006〜	大学 研究実践の交流 代表 O. Echeverría 319人	○ SNS	社会に開かれたデザイン機関 開かれた学術交流の場の創出
③ Diseño Club 2003〜	独立デザイナー 製品の展示販売 代表 A. Behotegui 約200人	○ SNS	デザイン活動者の拡大 デザイン活動の多様化 デザイナー起業家の創出
④ Contenidos de Diseño 2009〜	デザイナー起業家 相互扶助 代表 G. Langg 30人	○ SNS	デザイン活動の多様化 ソーシャルデザインの促進
⑤ FOROALFA 2005〜	デザイン関係者 議論の場の創出 代表 L. Cassisi 213人（登録者10万人）	○ SNS	開かれたデザインジャーナリズムの場の創出
⑥ Creatividad ética 2007〜	NPO サスティナブルデザインの振興、デザインに係る公共政策の研究・議論 代表 V. Ciaglia 13人＋35団体	○ SNS	デザイン政策を考える場の創出 ソーシャルデザインの促進

（筆者作成）

的な持続可能性という観点から明らかにしていきたい。

　第1に、前節でも言及したように、デザイン関係活動のネットワークは、ソーシャルデザインを促進する要素となっている。ソーシャルデザインは、社会問題の解決などを目的としているため、売れるためのデザイン活動と異なり、活動者やインセンティブが限定される。通常のデザイン活動者は企業に雇われたり企業と契約しているデザイナーであり、企業は社会問題の解決などではなく、自社の利潤追求の手段としてデザインを活用している。ソーシャルデザインの実践は、倫理観だけがインセンティブになっており、目指す人が圧倒的に少ない。仮にデザイナー一人ひとりが社会的問題を解決しようと考えても、実践のノウハウや情報の欠如のため、実践には限界がある。また、一人で実践を継続していくには、

かなりのインセンティブや意思の強さが必要となる。一人では困難な問題を克服する要素の1つがネットワークであり、社会的経済の実践と同様、ネットワークが、お互いのインセンティブや意思を支え合う連帯感や構造を生み出すことで、活動を拡大・維持させていると言える。ソーシャルデザインの実践は、社会的不平等や社会的排除などの社会問題を緩和するものであり、社会的経済の実践と同様、民主、平等、連帯、参加などの価値観によって推進されている。また、ソーシャルデザインは、社会全体の利益を優先するものであり、平等性という意味で、デザイン活動がより平等に人々に恩恵を与えるものとなっている。つまりソーシャルデザインの促進は、デザイン活動自体がより民主的になったということを示すものであると考えられる。

　第2に、デザイン関係活動のネットワークが、不特定多数の外部に開かれた議論の場や協同の場を創出していることだ。事例に挙げたネットワークに共通する特徴は、全てが、インターネット上にウェブサイトを持っていることであるが、ウェブサイトの存在によって、組織の活動や情報が可視化され、誰でもアクセスできるオープンなネットワークになっているのである。またそのほとんどが、facebookやtwitterなどのソーシャルネットワーキングサービス（SNS）やブログサイトなどいわゆるウェブ2.0を活用しているため、ビジターの意見が活かされる、インタラクティブな交流の場を創出している。ウェブ2.0による交流の場は、発信者も、受信者も、フォーマルな組織も、個人も水平的な関係で結ばれているため、ヒエラルキーのない、より平等性の高い構造が形成されていると考えられる。さらに、インターネット活用によるネットワークは、時間や空間の制約を解消しアクセスや情報の共有が容易であることから、国を超えた議論や連携も可能にしている。同時に、インターネットの活用は、地域独自のイベントなど、オフラインの活動につながっている。つまり、これらのネットワークは、インターネットと同様に、社会に広がっていく性質を持っているものであり、開放的、相互的、水平的な構造を特徴としているということが言える。その開放的、相互的、水平的構造によって、デザイン活動、デザイン教育・研究、デザイン政策、デザインジャーナリズムの全てにおいて、より外部に開かれた議論の場や協同の場を創出していると考えられる。ネットワークが、水平的・平等的構造を持っており、より多くの関係者や一般市民のデザイン分野への参加を促すものとなっているこ

とは、より民主的な議論や協同の場が形成されていることを意味する。従来は多くの事例でデザイン活動を中心的に担ってきたのは大企業であり、デザインの方向性や議論の場は、一部の企業や一部のデザイン関係者が作り出すものであった。経済のツールとしてのデザイン活動に必要であったのは競争原理であって、連帯原理ではなく、社会全体やより多くの人が参加できるような、デザインについての民主的な議論の場や協同を必要としなかったのだ。

　第3に、デザイン関係活動のネットワークが、市民社会セクターに貢献しているという点があげられる。ネットワークが、市民社会を巻き込んだものとなっているだけでなく、ネットワーク自体が市民社会組織もしくはそれに準じる存在になっている。市民社会活動は、民主的な社会を構築するための要素として、特にラテンアメリカでは注目されている。かつてのデザイン活動は、主に市場セクターの発展に貢献してきた。デザイン関係活動と市民社会組織の連携は、デザイン活動を市民が主体となる民主的な社会構築の要素に組み入れるものである。

　第4に、デザイン関係活動のネットワークが、デザイン関係活動の主体、つまりデザイン活動者の人的拡大・多様化につながっていることだ。近代デザインは、大量生産による消費の大衆化の思想を背景に始まった。大量生産のシステムにより、誰でも同じような物が安価に手に入ることが民主化の1つの側面であると考えられたが、結果的には、デザイン活動が一部の大企業や先進国の独占となっていった側面がある。デザイン活動の独占の構図は、市場競争の激化や格差を含む様々な問題を生み出すことにもつながった。大量生産・消費型、利潤追求型のデザイン活動は、それ自体決して民主的とは言えないものであった。デザイナーによる起業やソーシャルデザインの実践は、デザイン活動の主体を多様化、拡大するものであり、大量生産・消費型、利潤追求型の対極にあるものと捉えることができる。従来ごく一部の関係者によって作り出されていたデザイン政策やデザインジャーナリズムは、ネットワークにより、より多くの関係者や一般市民の参加を促すものとなっている。デザイン活動の主体の人的拡大・多様化は、参加型のより民主的な活動になっていることを示している。

　以上の4つの共通点が描き出しているのは、デザイン関係活動のネットワークが、市民社会活動に貢献しつつ、ソーシャルデザインの実践やデザイン関係活動者の人的拡大・多様化を促進させ、デザイン関係活動における開かれた議論や協

同の場を創出している構図である。そして、この4つの効果・機能が、デザイン活動のあり方自体を、社会的広がりのある、より民主的なものへと変化させていることを意味している。つまり、ネットワークがデザイン活動をより民主的で社会的広がりのあるものに変化させる働きを持っており、デザイン関係活動におけるネットワークの活用が、デザイン活動の民主化と言える状況を生み出す要因になっていると考えられるのである。デザイン活動の民主化は、社会的な観点からすると、同じ目的や利益を共有する関係者間の信頼関係や互酬関係など、社会関係資本に相当する人間関係を生み出すものとなっており、新しいタイプの自発的な協同によるデザインコミュニティや国を超えた信頼関係のデザインコミュニティの成立を伴っている。また、デザイン活動の民主化の要素となっているソーシャルデザインは、①REDの実践のように地域コミュニティの再生を促すものも含まれている。つまりデザイン活動の民主化は様々なレベルで社会関係資本をより強固なものにしていると考えられる。

　デザイン活動の民主化は、上に述べたように、社会関係資本の強化に貢献していると考えられることから、社会的な持続可能性を回復する要素になる可能性が高い。また、ソーシャルデザイン活動は、直接社会問題を緩和するものであり、社会的な持続可能性に貢献している。つまりデザイン関係活動におけるネットワークの活用は、デザイン活動の民主化と言える状況を生み出しており、社会関係資本を強化する一方で、社会的な問題の解決に貢献していることから、社会を安定させ、社会システムをより持続可能なものに変化させていくと考えられるのである。

（3）ネットワーク化の背景

　デザイン分野におけるネットワークの活用が数多く急激に見られるようになった背景、つまりデザイン関係活動のネットワーク化が進んだ背景には、いくつかの理由や要因が考えられる。

　第1に、ICTの発達とその活用である。インターネットの発達のおかげで、設備や費用の制約がなくなり、一個人が情報を発信したり、協力関係を築くことが容易になった。特に、ウェブ2.0と呼ばれる双方向型システムやSNSの浸透以降、ネットワークの創出やその参加が容易になった。facebookなどのSNSを通

して、ラテンアメリカでは様々なデザイナーコミュニティが急速に形成されている。「友達の友達」によるつながりは、ラテンアメリカの実生活においても重要であるが、ネット上では、瞬時に国を超える「友達の友達」関係が結ばれることになる。また、インターネットによる関係を通して、地域のイベントや集まりが起こるきっかけをつくっていくことも多い。2001年の経済危機の時に、預金口座封鎖などの政府の対応に対する抗議活動が大きく広まった要因の1つは、インターネットであったことは有名だ。350万人のユーザーを擁するインターネットコミュニティの中で、何百というE-メールの連鎖が起こり、通りで鍋や蓋を叩きながらの政府に対する抗議活動が組織化された。参加集団は、ミーティングでのディスカッションに加え、インターネット上で電子フォーラムを創出し、ミーティングに参加できない人々にも情報を提供することになった[7]。前述したように、ネットワークによるデザイン関係活動の機能・効果は、インターネットの構造的特徴によって促されている側面が強い。ウェブサイトはネットワークの活動をより広く一般社会に知らせる機能を持っており、その機能が一般社会に開かれた参加型のデザイン関係活動の促進につながっているのである。インターネットの活用によるデザイン分野のネットワークは、近年の特徴的現象であり、特にSNSの持つ双方向性や水平的構造が、デザイン関係活動を通して社会的経済的変化をもたらす要因となっていることは興味深い。インターネットやウェブ2.0については、文化産業における活用など、産業振興にもつながる利点が指摘されている。その反面、犯罪につながったり、かえって現実の社会的つながりを損なうなど、様々な問題も指摘されている。また、グーグル問題など、インターネットの将来に対する懸念も聞かれる。しかし、事例は、誰でも情報を発信でき、意見を交換することができる新しい技術が、デザイン分野のネットワークを創出させ、デザイン活動の民主化に寄与したことを示しているのではないだろうか。

　第2に、社会的経済の実践を含む市民社会セクターの活動の影響が存在する。アルゼンチンでは、市民社会の諸組織による活動が活発化しているが、その性格上、ネットワークの形成とその活用が不可欠であり、行政もネットワークを支える政策を実施している。社会的経済の関係では、社会開発省管轄下に、アソシエーション主義と社会的経済の研究所（INAES：Instituto Nacional de Asociativismo y Economia Social[8]）があり、協同組合や相互扶助組織など、社会的経済活

動を促進するためのプラットフォームとなっている。また、ブエノスアイレス市でも、社会開発省に、社会的経済課が設置されており、雇用支援や職業訓練など、経済的・技術的支援を提供している。市民社会の組織間と国家・市民社会組織間の調整を行う機関である国立コミュニティセンター（CENOC：Centro Nacional de Organizaciones de la Comunidad[9]）へのサードセクターや市民社会組織の登録数は、2000年以降急激に伸び、2009年では15,395組織に及んでいる（CENOC [2008]）。CENOCでは、ネットワークがより機能するように、個々のネットワークのネットワーク化も目指している。ブエノスアイレス市組織情報センター（CIOBA：Centro de Información de las Organizaciones de la Ciudad de Buenos Aires）はブエノスアイレス市社会開発省の市民社会強化課に設立されており、市民社会組織の公共政策への参加を推進するためのプラットフォームとなっている。社会的連帯的経済の研究や振興のためのNGOとして、社会的経済研究センター（CIESO：Centro de Investigaciones de la Economia Social[10]）や、アルゼンチンを始め、ブラジル、コロンビア、メキシコなどラテンアメリカ諸国の連携によるラテンアメリカ社会的連帯的経済の研究者ネットワーク（RILESS：Red de Investigadores Latinoamericanos de Economia Social y Solidaria[11]）などが存在する。CIESOは1998年、サードセクター関係の研究やそのための人的資源の養成の推進をするための社会的機関の創設を目指し、組織化を始めた。2000年に300人以上の参加を得てコルドバ州で開会式を開催し、INAESに対しても州や市の中でも中心的な役割を果たす組織となった。2007年、より活動を広げるため、ブエノスアイレスに支所が設立されている。以上のような市民社会活動活性化への政策や環境が、デザイン活動と市民社会運動や社会的経済の実践をつなげるものとして機能し、デザイン関係者にもネットワークの有用性を気づかせ、デザイン分野のネットワーク化を進めたと考えられる。例えば、RILESSの発行している電子雑誌"Otra Economia"では、ペドロ・セナールの「包摂的デザインに向けて：アルゼンチンにおけるインダストリアルデザインの社会的役割（Senar [2009]）」などデザイン分野の実践が報告されている。セナールは、「社会関係資本の開発のためのデザインとイノベーション：ブエノスアイレス州諸島工芸協同組合・マノス・デル・デルタの事例（Senar [2007]）」の中で、「80年代末から、アルゼンチンや他のラテンアメリカ諸国では、デザイン分野の実践として、排除

されたセクターの生産活動への協力が始まっており、21世紀に入って以降、様々な公的プログラムや市民社会組織、社会的経済の実践との連携によって、増加するとともに多様化してきている」と指摘している。デザイン活動と市民社会活動の接点が、デザイン関係活動のネットワーク化を促進させたと考えられる。

第3に、関連する政策やプログラムにおけるネットワーク活用の傾向、ネットワーク化である。前述のように、中央政府のデザイン政策は水平的でオープンなネットワークの活用を進めている。また、ブエノスアイレス市のCMDもNPOの「友達ネットワーク」を組織化することによって、その機能を高めようとしている。例えばINTIの国内デザインネットワークの情報源の項目には、NGO組織や中小企業開発プログラムと一緒に⑤FOROALFAや①REDが並んでおり、INTIをプラットフォームにして様々なレベルの組織のつながりが見えるようになっている[12]。①REDにおける実践のネットワークは、先に示したように、社会政策プログラムとの連携で成立している。デザイナー起業家や独立デザイナーは、例えば、ブエノスアイレス市の起業家開発プログラムやCMDのインキュベータープログラムなどと関わりを持っているが、プログラムの多くは、ネットワークの中で実践されている。また、前述したように、デザイン関係活動は、ネットワークの強化を進めている社会的経済や市民社会組織の政策との接点も多いのである。ネットワーク重視の環境や他のネットワークとの接点が必然的にデザイン関係活動における様々なネットワークの創出につながっていると考えられる。

第4に、大量生産・消費型、利潤追求型などの主流のデザイン活動に対するオルタナティブなデザイン活動を求める動きである。現在までのデザイン活動に対する反省と新しいデザイン活動のあり方を模索する動きは、近年の世界的な傾向であるが、特にアルゼンチンは経済危機により劇的なダメージを受けた国であるため、その模索は強いインセンティブを伴っている。2001年の経済危機は、オルタナティブなデザイン活動を求める動きにとっても重要なきっかけとなっている。ガランらは、「アルゼンチンを襲った経済危機は、新しい形式や社会的仕組みの発生という新しい状況を生み出し、社会的メディアへのデザインの技術移転や研究、教授法において、興味深く、実りのあるシナリオをつくった[13]」と指摘している。ガランらが実践した新しいデザイン活動は、その多くが社会問題解決などの社会的目的を持ったデザイン活動であった。オルタナティブなデザイン活

動は少数派であるために、連帯・協同の装置であるネットワークを必要としていたのである。また、デザインイベント「EXPO DISEÑO CON ACENTO」のディレクターであるディエゴ・ハビエル・ゴメス（Diego Javier Gómez）は、「2001年の経済的荒廃の中で、アルゼンチンデザインがパラドックス的にチャンスを迎えることになったが、最大の進展は独立デザイナーで、有限会社や小企業を生み出していった」と指摘している[14]。危機の苦境を乗り越えるため、デザイナーの起業というオルタナティブなデザイン活動のあり方が模索されたが、その実現にはデザイナー間のネットワークが重要な役割を果たしたと考えられる。前述の2011年度版『アルゼンチンにおける作家デザイナーの服飾デザイン』でも、④ Contenidos de Diseño の事例を挙げ、独立デザイナーたちがネットワークをつくることで独自の戦略を展開していることを指摘している。事例に挙げたネットワークは、力を結集するシステムとして機能し、目的に応じた環境、場を作り出す装置となっているのであるが、その多くがオルタナティブなデザイン活動を模索し、構築するためのネットワークとなっていると考えられる。

　これらの4つの背景は、デザイン分野でのネットワーク創出を促す要因となっているが、記述してきたように、お互いがそれぞれ密接な関係を持っているとも言える。公共政策レベルでのネットワーク活用は市民社会や社会的経済の活動を支え、ICTの発達は、市民社会・社会的経済、公共政策、オルタナティブなデザイン活動に影響を与え、オルタナティブなデザイン活動の追求は、市民社会や、ネットワーク重視の政策とのリンケージの中で行われている。この関係を示すように、パレルモ大学デザイン・コミュニケーション学部は、2010年4月、「デザイン、ソーシャルネットワークと新しいテクノロジー：連帯2.0の新しいパラダイム[15]」と題する講演集会を開いている。ディベロッパー、デザイナー、技術起業家、市民社会組織などが協力できる空間を生み出すための催しであるが、いかにオルタナティブなデザイン活動が、ソーシャルネットワーク、インターネット技術、市民社会組織と密接に関わっているかがわかる。背景となっているこれらの要素が、お互いに密接に関わり、影響し合いながら、デザイン分野のネットワーク化を促進し、デザイン関係活動のネットワーク化が、デザイン活動の民主化を促進していると考えられる（図4-4参照）。

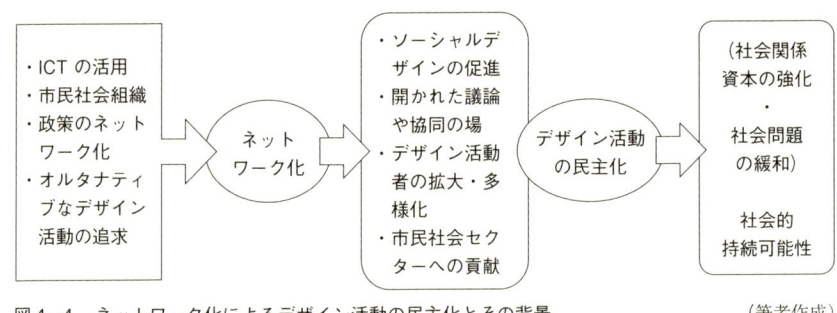

図4-4　ネットワーク化によるデザイン活動の民主化とその背景　　　　　　（筆者作成）

6．文化資本の民主的活用へ

　事例は、デザイン活動という無形の文化資本が、ネットワーク化を通して、より民主的なデザイン活動に変化し、社会関係資本の強化や社会問題の緩和を促して、社会的な持続可能性を高めていることを示している。また、デザイン活動自身が、持続可能な社会システムを形成する要素となる可能性を示すものである。

　さらに、文化的な側面から見た場合、事例は、スロスビーが持続可能性の原理として指摘した文化資本の公正・公平な活用や享受にあたる。文化資本の民主的活用は、社会包摂や市民参加と深く関わる概念で、文化の創造や享受の権利である文化権を保障することにもつながっている。また、活動者の多様化を通して、文化的多様性にも貢献する可能性が高いと考えられる。つまり、デザイン活動の民主化＝文化資本の民主的活用は、持続可能な文化システムの形成に貢献するものとして捉えることができる。無形の文化資本であるデザイン活動を公正に活用し、公平に享受できることが、文化資本の民主的活用となり、持続可能な文化システムの形成につながると同時に、持続可能な社会システムの形成につながっていると考えられる（図4-5参照）。

　さらに、スロスビーが同様に指摘する持続可能性に不可欠な視点である「システムの相互依存性（Throsby［2001］pp.44-60）」は、本章の事例によっても確認することができる。文化資本と社会関係資本は、事例が示すように、相互に関係を持っており、無形の文化資本であるデザイン活動がより民主的に活用されることが、社会関係資本の強化や社会的な持続可能性につながることを示している。持続可能な社会システムや持続可能な文化システムを形成していくためには、デ

```
┌─────────────────┐   ┌─────────────────┐
│ デザイン関係活動 │ ＋ │   ネットワーク   │
└────────┬────────┘   └────────┬────────┘
         ↓                     ↓
┌─────────────────┐   ┌─────────────────┐
│ 文化資本の民主的活用│ ＝ │デザイン活動の民主化│
└────────┬────────┘   └────────┬────────┘
┌─────────────────┐   ┌─────────────────────┐
│(文化権の保障・文化的多様性)│←→│(社会関係資本の強化・社会問題の緩和)│
│ 持続可能な文化システムの形成 │   │ 持続可能な社会システムの形成 │
└─────────────────┘   └─────────────────────┘
```

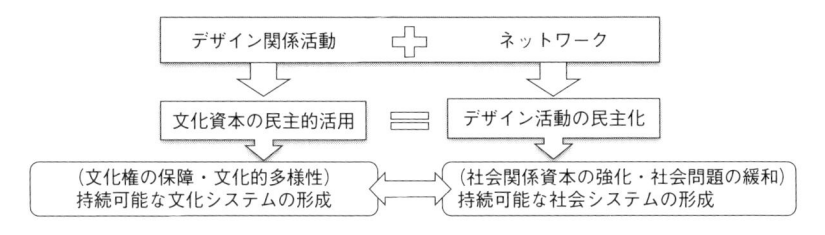

図4-5　デザイン活動の民主化から見たデザイン活動の可能性　　　　　　（筆者作成）

ザイン活動の民主化＝文化資本の民主的活用が欠かせない。より民主的なデザイン活動を実現するためには、現在まで進めてきたデザイン政策のあり方を変えていく必要がある。デザイン関係活動の民主化を推進するための、システムの相互依存性に立脚したデザイン関係政策、とりわけネットワークの意義を理解した取り組みが必要であると考える。

7．政策を考える4つの観点

　デザイン活動の民主化のための政策の立案・運営にあたっては、考察してきた事例の共通項やその背景がそのまま重要な観点となる。事例の共通項が示すのは、ソーシャルデザインの実践活動、開かれた議論の場や協同の場の創出、デザイン活動者の人的拡大・多様化、市民社会セクターに貢献できるようなデザイン関係活動を推進できる、ネットワークづくりを中心とする取り組みの必要性である。市民社会セクターや大学は、デザイン活動の民主化にとって重要な役割を担っており、ICTの効果的な活用、ネットワークを活かしたデザイナーの活動を後方支援することも重要なポイントになる。

　事例の共通項から得られた政策の1つ目の観点は、社会包摂や社会的問題の解決を目指すソーシャルデザインの実践活動の推進である。ソーシャルデザインの実践の推進については、何よりも活動者、実践者を増やしていくことが必要であり、ネットワーク化の意味もそこに存在する。特に、ソーシャルデザインの推進者として、大学の果たす役割は重要であり、大学の研究・実践を支援できる政策が望まれる。①REDが示すように、活動の推進には大学間のネットワークが大きな役割を担っている。最近日本のデザイン系の大学でも地域との連携の事例が

見られるようになってきたが、より大きな流れをつくっていくには、①REDのような大学間、大学内の連携、ネットワークが欠かせない。また、第2章のブラジルの事例が示すように、社会政策との連携が必要である。例えば、大学と社会福祉政策の連携による取り組みでは、ガランらによる「デザインと精神衛生」プロジェクトがある。ガランらは1998年よりブエノスアイレス市社会活動課労働の社会プログラムへの技術支援の1つとして、ボルダ（Borda）精神病院の職業セラピーへの協力を行っている。職業セラピーとは、患者が社会に出て行けるよう職業訓練を施すもので、訓練自体が治療法となっている。病院内の工房で10人余りの患者が、社会的企業として、リサイクル紙などを使った文具などの工芸的製品の生産・販売活動を行っている。製品の品質やオリジナリティを高めるため、ガランの所属するインダストリアルデザイン科では、週1回研修生のファン・パブロを職業セラピーに派遣し、デザイン技術の移転や生産販売活動の企画・調整に協力している。また、社会的企業としての活動を支えているのは、様々なNGO・NPOである。大学としては、小規模生産所や社会的企業での戦略的デザインの方法論または参加型デザインの実践研究となっており、心理学部、社会科学学部との合同プロジェクトにもなっている。大学内学部間の連携や実践研究での研修生制度の導入などからもわかるように、大学が柔軟な体制をとりながら、デザイン活動を社会に広げ、ソーシャルデザインを推進するプラットフォームの役割を果たしている（図4-6参照）。ガランは、「並行して、連携していけるデザイナーのネットワークづくりにも取り組んでいきたい」と話している。社会政策との連携も含め、大学がソーシャルデザインの研究だけでなく、実践のプラットフォームとなりえるような行政側の支援や取り組みが求められていると言えよう。

　また、⑥Creatividad éticaなどが開催している「公共政策とデザインの国際エンカウンター」では、ソーシャルデザインの資料化が進められている。ラテンアメリカ地域でのソーシャルデザインの実践例を交流、共有化することによって、ソーシャルデザインを推進していく取り組みである。ソーシャルデザインの国を越えた資料化は、すでに①REDなどでもその有効性が認められるが、行政と大学、市民社会組織とのより広域な連携、ネットワークを通したソーシャルデザインの資料化がより有効であると考えられる。

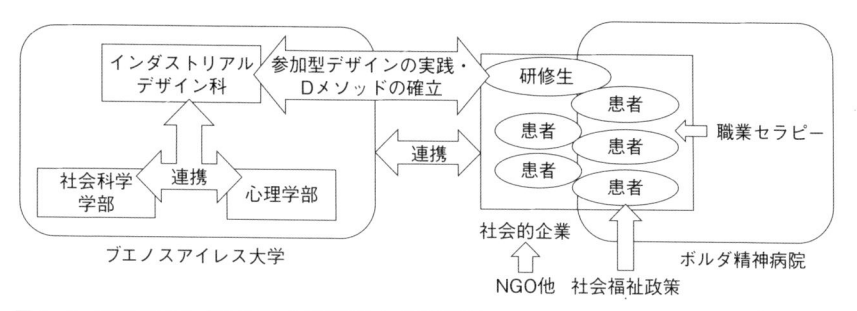

図4-6 REDによる「デザインと精神衛生」の取り組み　　　　　　　　　（筆者作成）

　さらに、ブラジルの事例が示すように、ソーシャルデザインの活動は、デザイナー起業家によっても支えられている。デザイナーによる起業は、第2章で取り上げたブラジルのパウラ・ディビ（Paula Dib）のように社会的企業を生み出したり、社会的企業との協力体制をつくる可能性も高いのである。アルゼンチンで有名なファッションデザイナーのマルティン・チュルバ（Martin Churba）の取り組みの特徴となっているのは、デザインのオリジナリティーだけでなく、貧しいコミュニティと連携した製品づくりである。取り組みの姿勢やコンセプトが彼のファッションブランドを特徴づけるものとなっている。アルゼンチンやブラジルでは、社会政策の取り組みに協力するデザイナーが多く存在する。デザイナー起業家によるソーシャルデザインの実践は、社会政策との連携によって、より大きな可能性が開けるのではないだろうか。

　政策を考える第2の重要な観点は、市民社会セクターとの連携である。アルゼンチンでデザイン活動の民主化が大きな流れとなっているのは、市民社会セクターの発展という背景があったからだ。社会的経済の実践や社会運動などを通して、NPOや社会的企業、草の根組織、住民組織などの活動が増加し、活発化したことが、デザイナーの意識や行動にも影響を与えている。市民社会セクター自体の発展が、デザイナーの意識改革やデザイン分野との連携を可能にし、ソーシャルデザインの実践を促進することにもつながっていると言える。そのため、デザイン活動の民主化を推進するには、市民社会セクターの発展を促す政策と連携していくことが肝要であろう。NPOや草の根組織などが増加し、活性化するための積極的な行政側のアプローチとデザイン活動が接点を持てるようなプラットフォ

ームづくりが鍵となる。ブエノスアイレス市では、社会開発省市民社会強化課が中心になって、市民社会セクターのネットワークづくりや実践拡大などの取り組みを行っている。日本ではまだ、NPOや社会的企業など市民社会組織がデザイン活動と連携したり、デザイン分野のNPOが組織されたりしている例は少ない。しかし、地域おこしや社会的問題解決に関心のあるデザイン関係者も増えており、デザイン側のポテンシャルも高まっていると考えられる。地域単位で、市民社会セクター自体の強化政策やデザイン分野と連携しやすいプラットフォームづくりが望まれる。

　第3の観点として、開かれた議論の場や協同の場を創出するための支援政策も重要である。⑤FOROALFAの会員登録は無料であり、ウェブサイトの運営は代表カッシシがボランティアで行っている。彼はこの活動をずっと続けていきたいと考えているものの、行政機関の姿勢には不満を持っている。「何回かイベントでCMDに協力したこともあるが、行政機関はイベントの協力に対してさえ1ペソも支援してくれたことがない」と話す。彼らは協力に対し、経済的見返りを期待している訳ではない。デザイン振興機関や行政機関と信頼関係で連携していけることがネットワークの維持にもつながるという指摘なのだ。また、必要性を感じていても、デザイナーのネットワークだけではできないことも多い。例えば、④Contenidos de Diseñoのラングは、毎日のデザイン活動の中で、市場の情報の不足や他分野との交流の必要性を感じている。しかし、デザイナー同士のネットワークを維持するだけで精一杯な状況の中、自力での実現は難しい。例えば、行政機関が他分野との交流の場を設定することができれば、新しい協同の場が生まれる可能性も高いのである。大阪市立大学の都市研究プラザによるクリエイティブセンター阿波座[16]（CCA）のクリエイティブ・サロンなどの取り組みは、開かれた議論の場や協同の場の創出を支援する取り組みの1つであり、他分野との交流を進めるものである。事例で見てきたように、開かれた議論の場や協同の場の推進にとって重要なのが、ICTの有効的活用であり、推進のための取り組みである。ICTの活用については注意を要する点はあるものの、ネットワークの形成や民主的なデザイン関係活動の推進にとってメリットは大きい。例えば③Diseño Clubや⑤FOROALFAが取り組んでいるようなICTの有効利用が進むための取り組みを、デザイン振興機関の側でも工夫していくべきであろう。

第4として、デザイン活動者の人的拡大・多様化への観点による政策のあり方があげられる。第1の政策の観点であるソーシャルデザインの推進は、デザイン活動の恩恵をより多くの人に与えるデザインによる社会包摂の実践を進めるものであるが、一方で、デザイン活動者の人的拡大・多様化を進めるものでもある。従来、デザイン活動に無縁で、デザイン活動という無形の文化資本を活用することのなかった人々が、大学の技術移転によって、コミュニティ再生や社会問題解決のためにデザイン活動に関わっていくことは、文化資本への公平なアクセスを実現するものである。取り組みのあり方は、ソーシャルデザインの推進と同様、活動を広げていく工夫が必要である。

　デザイン活動者の人的拡大・多様化推進の政策として、独立デザイナーやデザイナー起業家の活動への支援も意味を持つ。デザイン活動者の拡大・多様化を推進することは、デザイン活動自体の多様化と文化的多様性を生み出すことにつながる。また、デザイナー起業への支援は、ブラジルの例でも示したように、中小企業活性化や地域格差の解消につながる可能性も高い。前述した2011年の『アルゼンチンにおける作家デザイナーの服飾デザイン』によると、ブエノスアイレス以外の地方都市でもデザイナー起業家は増加しており、小規模ながら地域の経済やアイデンティティ形成にも貢献している。名古屋市が名古屋国際デザインセンターを通して始めたクリエイター創業スペース支援事業「クリエイターズショップ・ループ」も、製品販売の機会を提供することによるデザイナー起業家を支える行政支援の1つであり、デザイン活動者の人的拡大・多様化に貢献するものと考えられる。

8．創造都市とデザイン活動の民主化

　ブエノスアイレス市のユネスコ創造都市のネットワークへの参加や創造都市としての取り組みは、新自由主義型ではない新たな経済社会の発展、都市社会のあり方への転換を目指した挑戦であると言える。このようなオルタナティブな経済発展と都市社会のあり方を目指す創造都市にとって、重要なのは単なる創造産業の活性化のみではない。市民社会の強化や社会包摂、文化的多様性の維持、市民の文化享受能力の向上や文化権への配慮などが重視される創造経済の発展でなければならないだろう。佐々木雅幸が提唱する創造都市論でも、非営利セクター、

社会包摂、文化的多様性、文化権の確立などは、創造都市であるための重要な要素として位置づけられている。佐々木は、産業と文化の「創造の場」の要素として、人間的信頼関係を基礎にしたネットワークの結び目の機能に注目し、「自由な非営利組織によって担われたネットワークは草の根からの住民参加を実現して、地域の民主主義を強めることになる」と指摘している（佐々木［2009］p.216）。事例が示すように、ネットワークを活用したデザイン関係活動は、市民社会を巻き込み、社会包摂の実践を促す要素となるとともに、文化的多様性を生かした製品づくりを促す要素となった。またそれは、市民参加の促進や文化権の保障につながるものでもある。つまり、デザイン関係活動のネットワーク化によるデザイン活動の民主化は、佐々木の提唱する創造都市の構築にとっても重要となる市民参加や社会包摂、文化的多様性の維持や文化権の確立に貢献するものとなっているのだ。また、デザイン活動は、生活、産業の両面に多大な影響を与えるものであり、都市社会の生活や生産活動を変革するための要素として、ポテンシャルも高い。そのため、デザイン活動の民主化は、創造都市の構築にとっても根幹となるものであり、創造都市政策の中に組み込むべき観点であると考えられる。

　CMDでは、ブエノスアイレス市の社会的経済課や大学と連携して、「ネットワークを縫いながら」というNPOの取り組みに協力している。センター内に、仕事のない人々に対し縫製技術習得の無料ワークショップの場を提供し、雇用支援や起業支援、権利の学習から発表の場の創出まで、様々な支援を実施している（写真4-10参照）。受講者たちはCMD内で開催されるファッションウィークにも参加するようになっている。CMDの友達ネットワークが発刊している雑誌［2010］『iF』によると、2007年から2009年までの受講者は500人に達し、そのうちの65％が職に就いている。受講修了者のネットワークの中から、協同組合も生まれているという。CMDではまた、2010年7月には、創造的インクルージョンプログラムの中で、セミナー・ワークショップ「もう

写真4-10　CMD内で縫製技術を習得する人々
（筆者撮影）

ひとつの経済、もうひとつの技術」を開催するなど、社会包摂の取り組みを進めている。さらに、より開かれた情報や意見のやりとりを推進するため、様々なブログスポット設置による「CMD2.0」の取り組みも行っている。若者向けの無料デジタル技術講習会、毎週金曜日のガイド付きセンター見学会なども行われている。いずれも、ブエノスアイレス市が創造都市として持続的に発展するために不可欠な取り組みであり、デザイン活動の民主化に寄与するものである。

　アルゼンチンを襲った社会的経済的危機は、今後の持続可能な社会のあり方にとって教訓となる一方で、多くのオルタナティブなデザイン活動をもたらした。2001年の荒廃の中から、ソーシャルデザインの実践やデザイナー起業家を生み出していった多くのネットワークは、デザイン活動の民主化をもたらし、持続可能な社会システムへの転換に貢献する可能性を示した。ネットワークによるデザイン活動は、オルタナティブな社会システムへの転換を目指すものであるという点で、産業革命による大量生産＝消費システムの普及が労働の非人間化と生活の質の低下をもたらしたことに異議を唱え、社会変革のための新しいデザイン活動を追求したウィリアム・モリスの試みに通じるものである。モリスが提唱したアーツアンドクラフツ運動は後世のデザイン関係者に多大な影響を与えたが、他方で、社会変革のためのデザインという思想は後景に退いてしまった。デザイン史家の柏木博は、「第二次大戦後のデザインは、社会変革の意志をもった近代のプロジェクトとしてというよりは、市場をいかに獲得するかということが目的となっていった」ことを指摘しており（柏木［1998］p.5）、小野二郎［2011］『ウィリアム・モリス　ラディカル・デザインの思想』（p.21）も、第二次世界大戦後の日本において、モリスへの関心がぐっと低くなったことを指摘している。しかしアルゼンチンの事例は、市民社会活動の活発化、ICTの進歩などを背景にしたデザイン関係活動のネットワーク化が、開かれた議論の場、学術交流や連帯・協同の場を生み出し、デザイン活動をより民主的なものへと変化させるとともに、社会経済的システムをより持続可能なものに変化させる原動力となったことを示唆するものである。このようなネットワークの広がりの中で、デザイン活動の民主化を実現することが、モリスの思想を現代に再生させるものでもあろう。デザイン活動におけるネットワークの広がりが、デザイン活動自体をより民主化させ、民主化されたデザイン活動が、社会システムの変化につながっていく可能性を示

していると言えるのではないだろうか。

・注
1 María Beatriz Galán, Diana Rodrigues Barros［2009］'Red Investigacion Accion RED I(a) y la Web 2.0' http://cumincades.scix.net/data/works/att/sigradi2009_751.content.pdf
María Beatriz Galán, Diana Rodrigues Barros［2009］'INTERNET AND DYNAMICS OF NETWORKS: A CASE OF THE ACADEMIC ENVIRONMENT'.
2 Buenos Aires Ciudad 'JURISDICCION 45 MINISTERIO DE DESARROLLO SOCIAL POLITICA DE LA JURISDICCION Programa General de Acción y Plan de inversiones Año 2011/2013 y el Prespuestodel año 2011' http://estatico.buenosaires.gov.ar/areas/hacienda/presupuesto2011/presupuesto_2011/03_ley_3753/04_presupuesto_jurisdiccional/Jur45.pdf （2012年5月21日最終確認）
3 Buenos Aires Ciudad 'JURISDICCION 65 MINISTERIO DE DESARROLLO ECONOMICO POLITICA DE LA JURISDICCION
Programa General de Acción y Plan de inversiones Año 2011/2013 y el Prespuesto del año 2011' http://estatico.buenosaires.gov.ar/areas/hacienda/presupuesto2011/presupuesto_2011/03_ley_3753/04_presupuesto_jurisdiccional/Jur65.pdf （2012年5月21日最終確認）
4 CMD 'Buenos Aires Design City'
http://portal.unesco.org/culture/en/files/31158/11501842633Bs_As_candidature_EN.pdf/Bs_As_candidature_EN.pdf （2009年10月3日最終確認）
5 http://fido.palermo.edu/servicios_dyc/publicacionesdc/vista/publicaciones.php?id_publicacion=1 （2012年5月7日最終確認）
6 http://www.argentina.ar/_es/cultura/C3950-disenadores-independientes-se-unen-para-capacitarse-producir-y-vender.php （2012年5月21日最終確認）
7 Finquelievich, Susana 'Social Organization through the Internet; Citizens Assemblies in Argentina' ITIRA Conference 2002 ITIRA Congreso ,Central Queensland University, Rockhampton, Australia http://www.links.org.ar/infoteca/socialorg.pdf （2012年5月21日最終確認）
8 http://www.inaes.gov.ar
9 http://www.cenoc.gov.ar
10 http://www.fundacioncieso.org.ar/
11 http://riless.org/pt/
12 http://www.inti.gob.ar/prodiseno/red_o.htm （2012年5月21日最終確認）
13 Galán, Orsi L, Neuman M, Argumedo C, 'Una visión retrospectiva de experiencia de transferencia de diseño en la universidad enfrontada al crisis económica y social en Argentina' （アルゼンチンにおける経済的社会的危機に挑戦した大学のデザイントランスファーの経験の回顧的ビジョン）
http://www.investigacionaccion.com.ar/site/articulos/una_visionpdf_1113535003.pdf （2012年5月21日最終確認）
14 'La Gestion Del Diseño En Argentina'
http://www.slideshare.net/forocolombianodediseno/la-gestion-del-diseo-en-argentina-435670 （2012年5月21日最終確認）
15 'Diseño, Redes Sociales y Nuevas tecnologías : El nuevo paradigma de la Solidaridad 2.0'
http://fido.palermo.edu/servicios_dyc/noticiasdc/eventos/detalle_agenda.php?id_activ=1862

（2012年5月21日最終確認）
[16] http://gbs.ur-plaza.osaka-cu.ac.jp/cca/

第 5 章
持続可能な社会への変革モデル

ここでは、3つの事例を総括し、デザイン活動の可能性と今後の政策のあり方を示していく。オルタナティブな社会経済理論の重視する視点やファクターも参考にしながら、デザイン活動による持続可能な社会への変革モデルと、その政策のあり方について体系的に示したい。

1．デザイン活動から持続可能な循環構造をつくる
（1）　デザイン活動の役割
①　ブラジルの事例から見たデザイン活動の意味と役割

　ブラジルの事例では、デザイン活動を、主に文化システムの持続可能性の観点から考察している。ブラジルの工芸活性化は、デザイン活動と工芸活動が融合した、新しいデザインの流れ、つまりデザインの工芸化を生み出している。デザインの工芸化は、デザイン活動における多様性や地域性の回復を意味するものであり、文化システムから見た場合、文化資本の強化につながり、文化システムの持続可能性を高めていると考えられる。それはまた、中小零細企業活性化、環境問題の軽減、貧困・失業問題や格差問題や社会的排除問題の緩和、人材育成、輸出・産業の多角化などにつながり、経済、社会、環境のシステムの持続可能性も高めていると考えられる。

　事例のデザイン活動について、各システムの持続可能性との関係に注目すると、1つの構造が見えてくる。地域性と多様性が強化されたデザイン活動は、経済システムや文化システムにも多様性や地域性を与え、双方のシステムをより持続可能なものに変化させている。地域性は文化的多様性をもたらすものであり、多様性を強化する要素となっている。また、このデザイン活動は社会包摂の実践やサードセクターによる活動（市民社会活動）に貢献するなど、持続可能な社会システムの強化を促している。さらに、デザイン活動を多様で地域性のあるものに変化させているのは、市民社会活動や社会包摂の実践を含む民主的な社会システムである。多様性が強化された文化システムは、多様で地域性のあるデザイン活動を強化する働きを持っている。以上のような相互関係の構造によって、各システムの持続可能性が確保されていると考えられる（図5-1参照）。

　政策面から見た場合、デザインの工芸化は、産業政策と社会政策両方によって促進されているが、サードセクターの活動により実践が統合され、政策としてよ

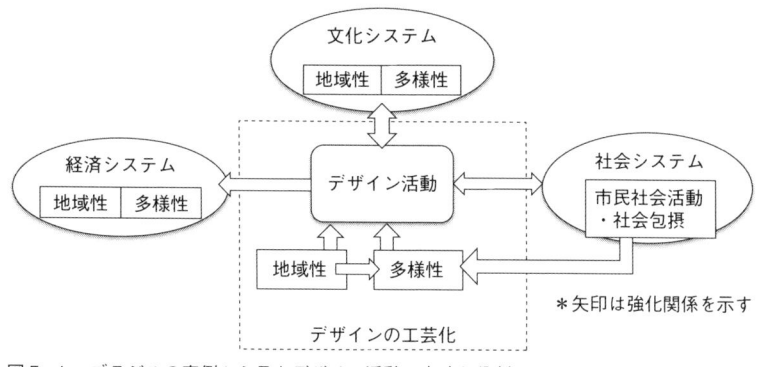

図5-1　ブラジルの事例から見たデザイン活動の意味と役割

（筆者作成）

り効果のあがる構図を生み出している。また、産業政策内では、デザイン政策と工芸政策が相乗効果を生み出しながら、デザインの工芸化を促進する構図となっている。以上の点から、事例は政策連携・統合やサードセクターによる活動の有効性を示すものであると考えられる。

② コスタリカの事例から見たデザイン活動の意味と役割

　事例では、主に、経済（生産・消費）システムの観点からデザイン活動を考察した。コスタリカの起業を伴うデザイン活動の事例は、起業家とデザイナーが同一であることやファッション分野の活動であることから、多様な文化的価値を創出する自立的なデザイン活動を成立させている。生産・消費システムから見た場合、生産・消費の多様化、自立的な消費の促進、生産・消費の地域化などにつながっていると解釈できるため、経済システムを持続可能なものへと転換していると考えられる。また、文化システムから見た場合、文化的多様性の維持、文化資本の強化などにつながっており、文化システムの持続可能性を高めていると考えられる。

　ブラジルの事例と同様に、デザイン活動を中心に各システムの持続可能性との関係を図式化してみると図5-2のようになる。多様性が埋め込まれたデザイン活動は、生産・消費システムを多様で地域性の高いものへと変化させ、持続可能な経済システムへと強化していると同時に、文化システムにも多様性や地域性を

第5章　持続可能な社会への変革モデル──149

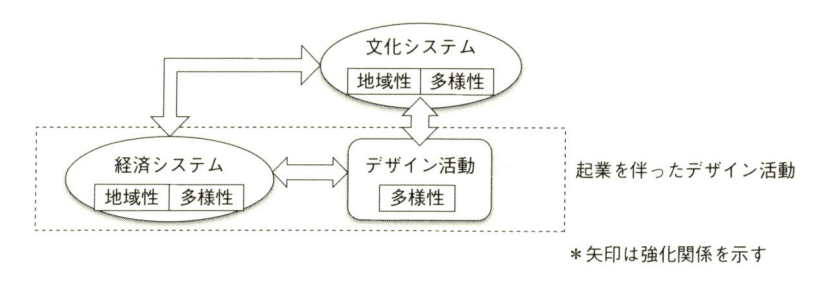

図5-2　コスタリカの事例から見たデザイン活動の意味と役割　　　　　　　（筆者作成）

もたらし、文化システムの持続可能性を強化するものとなっている。多様性や地域性が確保された文化システムや経済システムは、お互いのシステムを変化させるとともに、自立的で質の高いデザイン活動を支えることにつながっている。

政策的含意としては、文化政策と産業政策の連携等、システムの相互依存性に立脚した政策の連携・統合の重要性を示していると考えられる。また、自立的なデザイン活動や多様な文化的価値を提案できるデザイン活動の環境を形成するための手立ても必要であると思われる。

③　アルゼンチンの事例から見たデザイン活動の意味と役割

ここでは、デザイン活動と社会システムとの関係を中心に考察を行った。ソーシャルネットワークを介したデザイン関係活動は、社会包摂の実践や市民社会活動と結びつき、ソーシャルデザインを促進する要素となっている。また、デザインに関する民主的な議論・協同の場やデザイン活動者の人的拡大・多様化、市民社会活動との連携を生み出すなど、デザイン活動をより民主的なものに変化させる働きを持っていると考えられる。より民主的なデザイン活動、つまりデザイン活動の民主化は、社会問題の緩和や社会関係資本の強化に貢献し、持続可能な社会システムの形成を促していると考えられる。

このデザイン活動を、各システムの持続可能性との関係で見ると、図5-3のような相関図となる。水平的ネットワークの活用、市民社会活動、社会包摂の実践などを含む民主的な社会システムは、デザイン活動をより民主的なものに変化させている。民主化されたデザイン活動は、社会システムの持続可能性を強化す

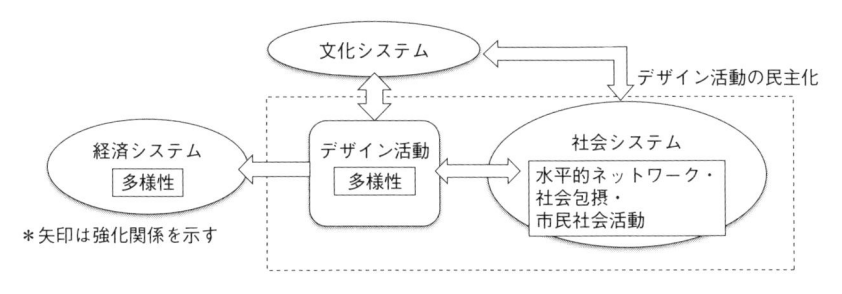

図5-3 アルゼンチンの事例から見たデザイン活動の意味と役割　　　　（筆者作成）

るとともに、社会包摂の実践や市民社会活動、水平的ネットワークの強化に貢献している。このデザイン活動の民主化による社会システムの強化の構造は、文化資本の民主的活用を意味するものであり、文化システムの持続可能性を高めることにもなっている。つまり、社会システムと文化システムはデザイン活動の民主化を通して、お互いを強化する関係にあると言えよう。また、社会包摂、市民社会活動、水平的ネットワークは、デザイン活動を多様なものにする働きも持っている。多様性のあるデザイン活動は、経済システムを多様なものに変化させ、持続可能な経済システムを強化する働きがあると考えられる。

　事例による政策への示唆は、システムの相互依存性に立脚したデザイン活動を促すための政策連携・統合や、民主的なデザイン活動やソーシャルデザインを促進させるような環境形成の必要性である。特にデザイン関係活動における水平的ネットワーク化の促進や市民社会活動との連携、ICTの活用、開かれた議論・協同の場や学術交流の場の創出などが、有効であると考えられる。

（2）　デザイン活動の可能性とオルタナティブな社会経済理論

　次に、デザイン活動の今後の可能性とあり方を明らかにするため、各事例の共通点および、オルタナティブな社会経済理論の共通する観点も参考にしながら考察を進めることにする。

　まず、3つの事例の考察から得られた共通点を考えるとき、第1に、これらの事例は、多面的に持続可能性を高めるデザイン活動の役割を示しているということがあげられる。デザイン活動が、中小企業・地域活性化、産業構造の転換や経

第5章　持続可能な社会への変革モデル ── 151

済の多元化、社会問題や環境問題の緩和、文化的多様性の回復、独自の文化資本の強化など、国や地域、世界全体の課題に貢献し、社会、環境、文化、経済的に持続可能性を高めているのである。

　第2の共通点は、デザイン活動による経済、文化、社会、環境の各システムの変革の可能性が示されていることである。ブラジルの事例では工芸と融合したデザイン活動が、コスタリカの事例では自立的で独自の文化的価値を創出するデザイン活動が、アルゼンチンの事例ではより民主化されたデザイン活動が、それぞれ各システムをより持続可能なものに変化させていると考えられる。各事例は、デザイン活動による経済、文化、社会、環境システムの変革、つまりデザイン活動による社会変革の可能性を示していると言える。

　第3に、文化活動としてのデザイン活動の可能性を示しているという共通点があげられる。デザイン活動は、創造活動であり、文化的活動であるが、もっぱら経済的価値を生み出す付加価値の要素として捉えられてきた。そのため、多様性や地域性はそれほど重要でなく、独自の文化的価値の創出や文化資本の強化など、文化システムの観点から捉えられることが少なかった。しかし、デザイン活動を、独自の文化的価値を創出する文化活動や文化資本の活用として捉えることによって、文化システムに及ぼす影響はもちろんのこと、社会、経済、環境システムへの持続可能性へ及ぼす影響をより明らかにすることが可能で、その文化的側面が様々な可能性を示していると考えられる。

　ブラジルやコスタリカの事例は、デザイン活動が多様性や地域性を持った独自の文化的価値を創出できる文化創造活動になっていることが、経済的、社会的、文化的、環境的な持続可能性につながっていることを示している。アルゼンチンの事例は、デザイン活動が、文化の享受や創造といった文化権と深くかかわっており、文化権の理念にかなったデザイン活動が、社会システムや文化システムの持続可能性に貢献していることを示すものである。つまり3つの事例はともに、文化活動としてのデザイン活動のあり方が、多面的な持続可能性の維持や社会変革にデザイン活動が果たすべき役割を示していると言えよう。

　多面的な持続可能性、社会変革の可能性、文化活動としての可能性という3つの共通項は、文化という視点や機能によって、多面的な持続可能性を担保した社会への変革を目指すデザイン活動の可能性という道筋を示唆している。以下で述

べるように、オルタナティブな社会経済理論の多くは、この道筋と同じ方向性を持っている。

　地球や人類の将来に対する危機感は、環境経済学、文化経済学、内発的発展論、創造都市論、脱成長論、連帯経済・社会的経済などの様々な新しい社会経済理論、つまりオルタナティブな社会経済理論やその実践を生み出していった。それらのほとんどが環境面だけでなく、経済的、社会的、文化的側面における持続可能性を前提としている。これらの理論は、現在までの主流派社会経済理論に足りなかった幅広い観点から、社会変革への議論を展開している。

　社会学、地域開発論における西欧近代化モデルの代替として様々な分野に影響を与えたのは、鶴見和子や宮本憲一を代表とする「内発的発展論」である。鶴見が提唱する非西欧的発展は、個々の文化、地域発展、民衆参加が重視されており、地域格差や環境破壊を生み出した近代化論に対抗する形で、多様な発展を目指したものである。「内発的発展」を持続可能な発展とみなす宮本は『環境経済学』の中で、日本の「外来型開発」を批判しつつ、内発的発展（endogenous development）の定義を「地域の企業・組合などの団体や個人が自発的な学習により計画をたて、自主的な技術開発をもとにして、地域の環境を保全しつつ資源を合理的に利用し、その文化に根ざした経済発展をしながら、地方自治体の手で住民福祉を向上させていくような地域開発」としている（宮本［1989］p.294）。

　創造都市論は、ピーター・ホール、チャールズ・ランドリー、佐々木雅幸などの著作を通じて近年特に注目されている。文化経済学や文化政策学、都市経済学、都市計画学などの分野で、活発な議論が展開されていると同時に、ユネスコの創造都市ネットワークの取り組みや、欧米、アジアなどにおける都市戦略・政策への応用など、「創造都市」の取り組みや実践が国内外で増加している。注目されている背景には、製造業の衰退・空洞化などによる都市の荒廃、知識情報経済への構造転換を背景にした創造産業振興による都市再生への期待が存在する。佐々木が提唱する「創造都市」とは、「市民の創造活動の自由な発揮に基づいて、文化と産業における創造性に富み、同時に、脱大量生産の革新的で柔軟な都市経済システムを備え、グローバルな環境問題や、あるいはローカルな地域社会の課題に対して、創造的問題解決を行えるような『創造の場』に富んだ都市（佐々木［2001］）」である。佐々木は、そのコンセプトの発端をラスキン、モリスの芸術

経済学、その思想を都市論に適用したルイス・マンフォードに求めながら、現代の「創造都市論」の代表としてジェイン・ジェイコブズの都市研究、ランドリーに代表される欧州創造都市研究グループの創造都市論やその政策論をあげている。加茂利男は、創造都市という概念は、世界都市への対抗概念であり、世界都市のオルタナティブであると論じているが、佐々木は著書の中で、ボローニャ・金沢に代表される「創造都市」とニューヨーク・東京型の「世界都市」を対比させており、「現代の金融資本主義に翻弄される「世界都市」の対極に「創造都市」を位置づけていることに特徴がある（佐々木 [2009]）」としている。また佐々木は、「金融資本と高度専門サービスを経済エンジンとして、グローバルな都市ヒエラルキーの頂点に立ち、社会的格差を押し広げる世界都市」の矛盾と弱点を乗り越えるため、「市民の創造活動を基礎とする文化と産業（文化産業）の発展を軸に、水平的な都市ネットワークをひろげ、文化的に多様なグローバル社会と社会包摂的なコミュニティの再構築を目指す（佐々木 [2009]）」視点を創造都市論に組み込んだ。地球サミットなどでも、文化産業推進による都市再生や社会的統合など文化の持つ力が持続可能な社会の形成にとって重要な意味を持っていることが議論されるようになっている。

　連帯経済の理論と実践は、1980年代、ラテンアメリカで始まり、世界社会フォーラム等を通して連帯経済という言葉が使われ始めたとされている。しかしその起源は、ヨーロッパで産業革命以降生じた社会問題に対応するために生まれた相互扶助活動に遡ることができ、フランスなどで社会的経済という名称で協同組合による活動などが行われてきた。西川潤・生活経済政策研究所 [2007] によると、フランスの協同組合活動の祖、シャルル・ジードによる著作『社会的経済 (1905年)』では、「社会的経済及び連帯経済」の言葉を見ることができ、ジードが「社会的経済」と「連帯経済」をほぼ同義のものとして使っているものの、その内容を検討すると「社会的経済」から「連帯経済」へと発展する道筋が描かれていると指摘している。アルゼンチンでは社会的経済と呼ばれることが一般化しているが、内容的には同じであり、社会的連帯的経済とも呼ばれている。経済よりも社会的連帯を重視しており、競争を常に強いる資本主義経済に対する批判をそのスタンスとしている。連帯経済は新自由主義経済改革、IMFによる構造調整プログラムの犠牲となったラテンアメリカでの展開が目覚ましく、ブラジルや

アルゼンチンなどでは中央政府や地方自治体が関係部署を設置し、法的にも財政的にもその実践を支援するようになっている。実践活動として、協同組合活動、フェアトレード、社会的企業経営、マイクロクレジット、補完通貨（地域通貨）、連帯ファイナンス、環境保全、文化活動、非営利企業による雇用創出、民主的・内発的コミュニティ形成、社会的包摂支援などがあり、その性格上地域に密着した活動となっていると同時に、地域横断的、国際的なネットワーク化も進んでいる。

　脱成長論は、経済哲学者セルジュ・ラトゥーシュ（Serge Latouche）をはじめとするフランスやイタリアのポスト開発論者たちを中心に2000年代から提唱されている理論である。セルジュ・ラトゥーシュの日本語版著書［2007］『経済成長なき社会発展は可能か？』の翻訳者である中野佳裕は、同書解説「セルジュ・ラトゥーシュの思想圏について」の中で、ラトゥーシュのポスト開発思想と脱成長論は、「戦後の国際開発問題を文明論的な視点でとらえ、その中で今日の先進工業国の人々が途上国の人々と共に進むべきオルタナティブ社会の道筋を提供するものである」と説明している。中野によると、ポスト開発の思想は、国際開発政治が、成長パラダイム（近代西洋文明に特有の経済的価値観）、近代国家システム、近代科学パラダイムを基底として運営されている事実を批判的に検証するものであり、「近代西洋文明の世界的支配がもたらす存在の意味の均質化作用に抗して」、「途上国の民衆の自律性を再生させ、西洋近代の諸価値－特に経済論理－に支配されない多様な価値観と生活様式に基づく世界を創造することを提唱する」ものである。ポスト開発思想をベースにする脱成長論は、「今日の産業社会の諸制度を、経済成長を目的としない新しい豊かさの実現を目指し、各地域社会に固有の文化と生態系に根ざした多元主義的な自主管理組織へと転換していく市民的実践の過程（経済成長パラダイムを脱する状態）」という草の根の社会運動を表している。また、「経済成長パラダイムから抜け出た状態（経済成長パラダイムを脱する状態）というオルタナティブな理想を表す言葉である」とされており、近代西洋中心の経済成長パラダイムに対するオルタナティブであると言える。脱成長論の実践は、フランスやイタリアを中心に見られ、ベルギーやスペインでも、公正なエコロジカル・フットプリントの促進を目指す社会運動、エコビレッジ運動、農村部の農業維持のためのアソシエーション、連帯消費グループ、シンプル

ライフの支持者など、脱成長を支持する集団が自発的に組織されている。中野は、脱成長論を社会運動として捉えたとき、自主管理運動の系譜に位置づけられるとしており、自主管理運動が資本主義経済のもたらす格差や不平等を是正する実験として広まり、連帯経済運動の原型となったことを指摘している。ラトゥーシュは、オルター・グローバリゼーション運動や連帯経済などの潮流などの立ち位置とは一線を画すものであるとしながらも、オルター・グローバリゼーション運動家や連帯経済論者の具体的提案については、脱成長派の人々から全面的に歓迎されるものであるとしており、実践としては連帯経済と類似していると言えよう。

　文化経済学はもちろんのこと、多くのオルタナティブな社会経済理論で共に重視されてきたのは、文化という側面や概念の重視である。内発的発展論では、個々の文化に基づいた発展が柱になっている。「グローバル化した市場社会の危機を明確に予見し、民主主義的でエコロジカルな自立社会－脱成長社会－の構築という積極的な抜け道を提案してきた」とするラトゥーシュ[2007]は、「危機は金融的・経済的・社会的・生態的なものだけではなく、より根本的には文化的かつ文明的な危機である」と指摘している。また、途上国における文化の自律性の破壊を「文化喪失現象」と呼び、世界の西洋化の最大の問題点であること、「重要なことは、多様性と多元主義をよみがえらせるために、一元的な合理的経済人というパラダイム－地球の単一化と文化の自殺の主要な源泉－を抜け出すことである」と主張している。脱成長論では、固有文化の回復・再構築だけでなく、理念として文化革命を提起している。アルゼンチンの連帯経済学者ホセ・ルイス・コラッジオ（José Luis Coraggio）は、コロンビアで開催された「地域経済開発に関する国際セミナー」の「組織化政策、持続可能性政策、文化政策に重点を置いた地域開発の経験」パネルで、経済と文化の分離や開発が均質的な合理性によって進められていることを批判し、アイデンティティ、社会的エネルギーの解放、経済的能力をもたらす文化の重要性を指摘している（Coraggio[2007]）。北沢洋子は、連帯経済の概念は、「狭い経済という概念ではなく、多元的な、文化的な観点が含まれている[1]」として、連帯経済が文化的な厚みを持ったものであることを指摘している。連帯経済では、文化と経済は分離できないものとして捉えられ、伝統文化の保全や文化的活動が実践されている。これらオルタナティブな社会経済理論は、文化という視点によって近代化やグローバル化の問題の克

服を目指すものであると言えよう。佐々木は創造都市論の中で、「創造都市」モデルによる社会システム転換の課題として、「大量生産＝大量消費システムから脱大量生産の文化的生産に基づく創造経済への転換」、「文化的価値に裏打ちされた「本物の価値」を生み出す創造的仕事の復権と偽りの消費ブームを超えて自ら生活文化を創造する「文化創造型生活者」の登場（NPO法人都市文化創造機構［2010］）」などの重要性を提示している。また、ユネスコが進める「文化権と人間発達」の政策を、文化を享受し、文化を創造する両面にわたる権利で、人間が生きていく上で非常に大事であると指摘している。ここでは、文化的価値、文化的生産、文化権などの概念を基に、文化が持つ多様な機能や可能性が社会変革の中に組み込まれている。

　これらの3つの共通項である、多面的な持続可能性、社会変革の可能性、文化活動としての可能性を生み出す要件になっているのは、先に見てきたように、地域性、多様性、市民社会活動（サードセクターによる活動）、水平的ネットワーク、社会包摂の実践などである。これらのファクターが、デザイン活動に作用し、変化したデザイン活動が、周りのシステムをより持続可能なものへと変化させているのである。ブラジルの事例では、地域性や多様性をベースにしたデザイン活動が、経済システム、文化システム、環境システム、社会システムをより持続可能なものに変化させている。また、多様で地域性のあるデザイン活動を生み出しているのは連帯経済などによる市民社会活動や社会包摂を目的とした活動であり、逆にデザイン活動は、これらを補強するものとなっている。コスタリカの事例では、デザイン活動が多様性と地域性を文化システムと生産・消費システム、つまり経済システムにもたらし、それぞれのシステムを持続可能なものに転換させる要素となっている。そのデザイン活動は、もともと多様性を内在するファッション分野の活動であった。アルゼンチンの事例では、社会包摂の実践や市民社会活動、水平的ネットワークは、お互いを強化しながら、デザイン活動をより民主的なものに転換させることによって、社会システムや文化システムをより持続可能なものに変化させている。また、水平的ネットワークによるデザイン活動は、生産・消費システムにも多様性をもたらし、経済システムをより持続可能なものへと変化させている。水平的ネットワーク、社会包摂の実践や市民社会活動は、民主的なデザイン活動を生み出す要素となっており、デザイン活動に多様性をもた

らす役目を担っている。

これらのファクターは、以下に述べるように、オルタナティブな社会経済理論が重視するファクターとも共通している。

① 地域性

経済システムのグローバル化や新自由主義経済は、安い人件コストを地球上の至る所に求める多国籍企業が中心となり、途上国、先進国を問わず地域の伝統産業を破壊するとともに産業の独自性や地域性が失われる要因をつくった。セルジュ・ラトゥーシュ［2010］の脱成長論では、地域固有の文化や生態系が近代化やグローバル化によって失われたという捉え方が顕著であるが、失われた価値を回復していくことが持続可能性を確保する上でも重要であり、地域に根ざした多様な発展を促すべきであるとの認識が、オルタナティブな社会経済理論に共通してあると言えよう。ラトゥーシュ［2010］は、方法論として8つの再生プログラムを提唱しており、そのうち「再評価する」「削減する」「再ローカリゼーションを行う」は戦略的な役割を担っていると言う。再ローカリゼーションプログラムは、地域に根ざしたエコロジカルな民主主義の創造を目指すものであり、食料自給や経済・金融の自給の模索を意味している。そこでは、政治的革新と経済的な自律性の2つの相互依存的な面を擁した「ローカルな自律社会の創造」が目指されている。また、地域は「閉鎖的な空間ではなく、有徳と連帯の精神で結ばれた横断的な関係ネットワークの一つの結節点である」とされている。北島健一［2007］は、連帯経済が、近隣サービス、地域交換システム、知識交換ネットワーク、自主生産、持続可能な農業、有機農産物商店、集合キッチンなどの地域的な実践を広げるとともに、就労支援などの社会的包摂の実践が「地域発展のプロジェクト」やローカルな地域協働のテーマと結びついていることを指摘している。佐々木雅幸による創造都市論は、もともと国家的枠組みの限界や問題点の解消を目指すものであり、内発的な地域発展や、生産と消費がバランスよく循環する地域経済のあり方が重視されている。

地域性は、事例が示すように、画一的な大量生産・消費型のデザイン活動を克服する要素となり、デザイン活動の多様化につながるものである。また、地域性は、文化的多様性や生物多様性、内発的発展、コミュニティ形成の概念を伴って

おり、環境、文化、経済、社会システム全てに対して変革を促す要素として見ることができる。デザイン活動の目的を持続可能な社会形成への変革とするとき、地域性は重要な要素であると考えられる。

② 多様性

　2002年にヨハネスブルグで開催された地球サミット「リオ＋10」では、ユネスコによる「文化的多様性に関する世界宣言」を踏まえ、「実施計画」の中で、平和、治安、安定、人権、基本的自由の尊重と並び、文化的多様性が、持続可能な発展を達成するために不可欠な要素として位置づけられた。文化的多様性は、多文化共生社会や平和構築の実現に資する要素としても理解されている。

　佐々木は、創造都市の実現にとって文化的多様性が重要であると主張してきた。「創造都市と文化的多様性」というテーマのセッションも設けられた「世界創造都市フォーラム2007 in OSAKA」でも、問題提起の中で、「多様性を認めあうグローバリゼーションのなかに創造都市の発展の方向性がある」ことを指摘している。ユネスコの創造都市ネットワークも文化的多様性の推進が背景にある。ラトゥーシュの脱成長論では、先進国の経済活動によって喪失された途上国の文化の救済にも目を向けており、多様性の回復が目指されている。連帯経済の実践も同様に地域に根ざしたもので、多様性を前提としている。また、多様性は地域性によって成立するだけでなく、佐々木が提唱する文化的生産などのように、生産・消費システムの中にも成立するものであり、経済的側面への視点も重要であると考えられる。多様性は持続可能性の重要な要素であるが、デザイン活動を変化させる要素にもなっている。

③ 市民社会（サードセクターによる）活動

　連帯経済の理論と実践は、自主、協同、民主、平等、持続性などを運営原理としており、その主体は、協同組合、コミュニティ自助組織、労働者自主管理企業、NGO、NPO、市民社会組織などいわゆるサードセクターである。コラッジオは先に示したコメントの中で、世界経済の影響による地域の喪失について指摘し、回復のための手立てを市民社会など多様な活動主体に求めている。市民社会は、新自由主義や国家を補完するものとして捉えられることもあるが、連帯経済で重

視されている市民社会セクター（サードセクター）は、「社会正義、平等、環境の持続性への関心を共有しており、国家と市場の抑圧的性格には批判的である。また、連帯、相互性、集団性の価値に基づいて市場主導の成長や国家主導の成長に代わる選択肢を発見しようとする意志を共有している（松下洌［2006］p.17）」と言える。また、市民・住民参加型のより民主的な社会を創出することによって、人間発達を実現するとともに、危機にある「公共圏」の回復を促すものであると考えられている。連帯経済と類似した実践を行っている脱成長論の実践も、市民社会が中心的な役割を担っている。佐々木は創造都市論において、市民による問題解決や「人々の創造的な仕事の領域を拡張するものとして機能してきたとともに今後さらに期待される」として非営利組織の活動を重視している。オルタナティブな社会経済理論では、変革の主体としてのサードセクターや市民社会が重視されているのであり、事例はデザイン分野においても変革の要素となることを示している。

④　水平的ネットワーク

　連帯経済は、水平的ネットワークの重視、社会的連帯、世代的連帯という水平的・倫理的原理をシステムに導入することによって、資本主義システムの行き詰まりの出口を見出そうとする考えが基本となっており、実践では組織の水平的ネットワーク化、国際的ネットワーク化が進んでいる。脱成長論の実践においても地域ネットワークから国際ネットワークまで水平的なネットワークが活動を支えている。佐々木による創造都市論では、ボローニャモデルにおける職人企業や京都の伝統産業とデジタル技術融合などの事例の中で、水平的ネットワークの重要性が指摘されており、「創造の場」が生まれる要素としても人と人がつながるネットワークに注目している。ユネスコの創造都市ネットワークも水平的な都市の関係を生み出すことを目的としている。ラテンアメリカの事例は、水平的ネットワークが、デザイン分野においても新しい流れや構造を生み出していることを示している。

⑤　社会包摂

　社会的経済や連帯経済はもともと近代化や市場原理主義経済システムの矛盾の

中で、社会的排除やマージナルなものに対応するために生まれた。連帯経済では、失業、貧困を中心とした問題解決など社会包摂のための実践が中心となっている。ラトゥーシュの脱成長論では、現在までの開発主義や普遍主義的流れの陰でマージナルになっていった地域や人々への包摂が重視されている。佐々木は、創造都市論における「新しい都市モデルは、文化芸術の持つ「創造性」を、新産業や雇用の創出に役立て、ホームレスや環境問題の解決に生かし、都市を多面的に再生させる試みであり、EUが1985年から開始し、大きな成果を上げてきた「欧州文化都市」の経験を総括するなかから生み出された都市モデル」であると指摘している。そのため、「「創造都市」も「社会包摂」も新自由主義的改革による「福祉国家」の解体を乗り越えて、新しい分権的な福祉社会を目指す共通の土壌の上に位置する社会改革の試みである」として、創造都市論の重要な論点として社会包摂を取り上げている（佐々木・水内編著［2009］p.4）。ラテンアメリカではデザイン分野においても社会包摂への意識が高く、事例のようにソーシャルデザイン活動を通して社会包摂の実践が進んでいるが、ラテンアメリカにとどまらず、持続可能な社会への変革には欠かすことのできない要素と考えられる。社会包摂の活動自体が社会的システムの変革につながるものであるが、事例が示すように、デザイン活動の性質を変化させ、デザイン活動を通して、文化システムや経済システムにも変化をもたらすことを重視すべきである。

　デザイン活動を中心に、3つの事例の分析結果を総合し、各システムとこれらのファクターの関係を要約すると1つの構造が見えてくる。多様性と地域性は、持続可能なシステム形成のために不可欠なデザイン活動の要素であり、この2つの要素がデザイン活動の性質をより持続可能な社会形成に適合したものに変化させる。多様性や地域性を生かしたデザイン活動は、経済システム、文化システム、社会システムをより持続可能なものに強化している。同時に、多様性や地域性で持続可能性が強化された文化システムや経済システムは、持続可能な社会形成に寄与するデザイン活動を促進させる働きを持っている。また、市民社会活動、社会包摂、水平的ネットワークのファクターは、デザイン活動に多様性や民主化をもたらし、持続可能な社会形成のためのデザイン活動を強化するものである。多様化、民主化されたデザイン活動は、市民社会活動や社会包摂の実践、水平ネットワークの強化に貢献しつつ、各システムを持続可能なものに変化させている。

さらに、各事例の考察で明らかなように、社会システム、経済システム、文化システムは、デザイン活動を通して、お互いの持続可能性に影響を与えるものとなっている。
　これらの関係を要約すると、5つのファクターにより持続可能な社会形成に寄与するものとなったデザイン活動が、各システムを持続可能なものに変化させる構造の中で、各システム、各ファクターが相互に影響を与え合いつつ、さらにデザイン活動を持続可能な社会形成に寄与するものへと強化しているという構図が見えてくる。つまり、デザインを中心としたこの相互強化の関係は、さらに次の相互強化へと発展していく循環構造になっていると考えられる。佐々木［2001］は金沢市の創造都市モデルの分析において、金沢の文化的生産概念図を示している。金沢における文化的生産の構造は、生産と消費の循環が都市の文化資本の高度化と域内消費市場の高質化を生み出し、さらに次の循環へと発展していく構造になっている。その地域循環は、内発性や持続可能性を担保にできる構造になっており、変革を促すサイクルとして、デザイン活動のあり方においても重要な観点であると考えられる。
　また、この循環構造は、最終的には持続可能な環境システムへの変革の可能性を意味するものであると考えられる。例えば、植田和弘・落合仁司・北畠佳房・

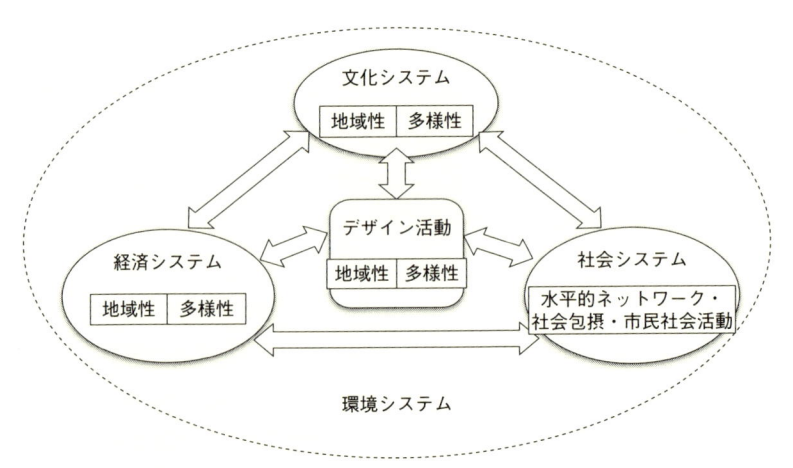

図5-4　3つの事例から見たデザイン活動、ファクター、システムの関係　　（筆者作成）

寺西俊一らによる『環境経済学』では、環境問題を、大気汚染などの環境汚染、森林や生態系の破壊などの自然破壊、生活環境の侵害、地域固有景観の喪失、有形・無形文化ストックの破壊を意味するアメニティ破壊の3つに整理している（植田和弘・落合仁司・北畠佳房・寺西俊一［1991］p.5）。また、宮本憲一も環境の質の測定の必要性について言及し、文化も対象となると指摘している（宮本［1989］pp.276-277）。宮本らが考える環境システムとは、社会、文化、経済システムを包含するもので、経済・文化・社会システムが持続可能なものに変革される循環の中で、持続可能な環境システムが成立すると捉えることができる。図5-4のように、環境システムを持続可能なものに変化させることのできるこの循環構造が、様々な側面の持続可能性を高め、都留重人や宮本憲一の指摘する「維持可能な」社会の形成に貢献すると考えられる。

　デザイン活動が、デザイン活動自身を持続可能なものに強化できる循環構造は、デザイン活動の限界の克服を意味するものであり、持続可能な社会形成のためのデザイン活動のあり方を示すものでもある。また、循環構造を形成する5つのファクターは、文化活動としてのデザイン活動の可能性を高めるものである。そのため、これらのファクターは、デザイン活動が多面的な持続可能性を高め、社会を変革していくための環境条件として、今後のデザイン政策に生かしていくべき視点であると言えよう。

2．デザイン政策の独自化・民主化へ

　最後に、前節での考察や各事例での政策的提言を踏まえた上で、今後のデザイン政策の課題について、さらに大きな視点からまとめてみたい。

　現代までのデザイン政策は、基本的には製品を売るためのデザイン活動を支援するデザイン政策であり、経済活性化政策であった。そのため、世界規模で大量廃棄などの問題や製品の画一化を促すことにもつながった。現在求められているのは、単なるデザイン活動の活性化ではなく、自然環境と調和した社会的・文化的成長を目的とするオルタナティブな社会形成を実現するためのデザイン活動の推進であり、それがデザイン政策の今後の役割である。

　第1に、求められるのは、デザイン政策の独自化である。オルタナティブな社会経済理論や事例が示唆しているのは、文化的多様性や地域性の復活による独自

の地域再生や地球規模の問題群の克服であり、デザイン活動もこの文脈に位置づけていく必要性がある。そのためには、デザイン政策を地域政策や文化政策として位置づけることが必要だ。地域政策や文化政策としてのデザイン政策を進めることが、デザイン政策を独自なものにすることにつながるはずである。

　近代化は、経済システムの主導によって推進されてきた。現在までのデザイン政策は、デザイン活動自体がそうであったように、経済的目的に偏って策定されてきたと言える。また、ほとんどのデザイン政策は、デザイン活動を近代的な価値である普遍化や標準化を目指すものとして位置づけられ、取り組まれてきた。近代化は、世界を1つのシステムとして普遍化・標準化する過程でもあった。そのため、近代以降のデザイン活動は、その方向性において類似化や均質化が避けられなかった。デザイン政策も、経済・産業政策として、普遍化、標準化の方向性に依っていたと言えよう。経済的側面への偏向や標準化の中で、デザイン政策は、デザイン活動の文化活動としての側面を軽視することになった。そのため、デザイン政策には、地域性や地域性による多様性という観点が欠落していたと言えるのではないか。デザイン活動が文化活動と見なされていなかった訳ではないが、こうしたデザイン観は、特に日本の場合、デザイン政策を経済政策の枠の中に閉じ込め、文化システムにおけるデザイン活動の意味をデザイン政策の観点から欠落させることにつながったと思われる。

　デザイン活動を文化活動と見なす場合、文化政策としてのデザイン政策は不可欠であり、一般市民がデザインを主体的に享受できる能力の開発やデザイン活動の主体となるような手立てが必要となる。佐々木［2005］が提唱する「創造都市」の条件には、芸術家や科学者だけでなく「労働者や職人も苦役としての労働ではなく有用な仕事に携わり、自己の生命を燃焼させることができる」こと、「庶民レベルの日常生活を芸術的にする」ことなどが含まれている。また、文化政策の中では、工芸振興政策も重要である。工芸振興はそれだけで、産業活性化や雇用の創出、地域のアイデンティティの形成、自然資源の活用など、経済的、文化的、環境的、社会的な持続可能性につながるものであるが、事例が示すように、デザイン活動にも影響を及ぼすものだ。また、文化システムの強化は無形の文化資本であるデザイン活動の強化につながることから、様々な文化活動への投資が必要となるはずである。文化遺産・伝統文化の保護や文化活動を活発化させ

る手立ては、間接的に、多様なデザイン活動を生み出すことにつながると考えられる。

　地域政策としてのデザイン政策には経済産業政策を始め、地域独自の環境政策、社会包摂の取り組みを含む社会政策と連携・統合することが肝要である。特に地域産業政策では、中小企業振興の重要な要素として、起業政策やICT政策、中小企業政策としての工芸政策などともリンクさせながらデザイン活動を位置づけることが不可欠である。地域ごとのデザイン政策は、文化的多様性を維持する上でも、地域の文化資本を活用しやすくする上でも有効であり、地域の伝統や歴史に沿った地域独自の方法によって、デザイン政策は策定、運用される必要がある。デザイン政策の分野で、英国・ヨーロッパのネットワークのリーダーとして有名な、英国のウェールズ大学カーディフ校のデザイン研究センターであるデザイン・ウェールズ（Design Wales）のシニア研究員であったG.Raulik-Murphyは、世界中のデザイン政策の進展レベルを国別で比較分析している。しかし、その彼女も「トリノ2008ワールドデザインキャピタル」のパネルディスカッションにおいて、「コピーではなくその地方のニーズやコンテキストに応じたそれぞれの政策モデルが必要である」と述べている[2]。社会政策や、文化政策、環境政策との連携の仕方も、その地域によって異なる方法があるはずだ。日本の地域デザインセンターの失敗の多くは、デザイン政策の画一性にあったのではないだろうか。

　文化政策や地域政策の中でデザイン政策を構築していくことは、デザイン活動に地域性や多様性を回復させ、独自の文化的価値を創出できるデザイン活動の環境形成を進めるだけでなく、デザイン活動の市民社会組織との連携や水平的なネットワークの形成を進めることにもつながると考えられる。多様性や地域性を保全する主体となるのは、大企業や多国籍企業ではなく、地域の小企業やデザイナー、地域に住む自覚的市民であり、オルタナティブな社会経済理論や事例が示すように市民社会セクター（サードセクター）の活動や水平的ネットワークを通した活動が鍵となる。また、デザイナー起業、デザイン分野の社会的企業、インフォーマルな活動への支援も重要である。例えば、デザイナーによる社会的起業は農村地域との連携も可能であり、3つの事例において、デザイン活動の主体となっていたのは、このようなオルタナティブな活動を展開しやすい主体である。オルタナティブなデザイン活動の実践者を水平的ネットワークによって少しずつ増

やしていくことが、持続可能な社会形成への変革につながると考えられる。

　第2に、求められるのは、デザイン政策の民主化である。デザインを文化資本として見た時、デザイン活動は公共財であると言える。アルゼンチンの事例が示すように、持続可能な文化的・社会的システムを形成するためにも、デザインという文化資本は、民主的に活用・享受される必要がある。そのため、文化政策としてデザイン政策を展開していくことが、デザイン政策の独自化を目指す場合と同様に不可欠だ。デザイン活動の民主化を目指す文化政策としての展開において最も重要なのは、デザイン活動の意味を一般市民も理解し、デザイン政策に全ての人が関わることができる体制づくりだ。つまり、市民参加や文化権の保障につながる文化政策としてのデザイン政策の確立である。そのためには、まず教育政策において具体的な手立てがとられること、特に一般教育や社会教育においてデザイン活動への理解を促す手立てをとることが望ましい。増加するデザインイベントや氾濫するデザインの中にあっても、デザイン活動の意味が一般市民に理解されているとは言い難い。デザイナーでさえも例外ではない。一般教育や社会教育において、デザイン活動の意味や役割、現在までのその功罪、各システムへの影響など、デザイン活動への理解を促すことは、文化権の保障や一般市民の文化享受能力を高めることにもつながるはずだ。EUレベルのデザイン政策構築の試みである「ユーザー中心イノベーションの主導力としてのデザイン（Design as a driver of user centred innovation）」のパブリック・コンサルテーションの結果でも、今後一番必要となるのは、デザインに対する政策立案者の理解であるとの指摘が見られる[3]。これは、2009年4月に欧州委員会から発行されたワーキングドキュメントを基に、イノベーション創出や競争力向上にデザインが貢献するものであることを分析したもので、パブリック・コンサルテーションの結果をまとめた 'Results of the public consultation on design as a driver of user-centred innovation' によると、EUにおけるより良いデザイン活用の最大の障壁になっているのは、「デザイン政策立案者がデザインのポテンシャルを理解していないこと（78%）」である。また、ビジネスにデザインを活用する顧客側の認識の欠如（63%）、エンドユーザーの認識の欠如（46%）も指摘されている。デザイン政策で一番重要なのは、様々なシステムに影響を与えるデザイン活動自体への理解なのだ。デザイン政策は経済・産業政策の中に位置づけられていたため、一部

の利害関係者にしか、有用ではなかった。逆に言えば、文化活動に位置づけられていなかったために、一般市民の理解や参加を必要としなかったのである。デザイン政策では、消費者・ユーザーという概念を扱いながらも、社会全体への理解や問いかけは長い間問題にされてこなかった。デザイン政策の対象は、企業や専門家であり、一般市民はほとんど対象になってこなかったのである。前述のパブリック・コンサルテーションも、参加しているのは専門家であり、デザイン活動がようやく政治の世界で理解されつつあることを示している。デザイナーを養成する専門教育機関だけでなく一般教育において、地球規模の問題を含め、少なくともデザイン活動が現在までに与えてきた影響を知らせる必要性があるのではないか。日本デザイン機構では、子供向けのデザイン教本を出版するなど、一般教育でのデザイン教育の必要性を提起している。目的は異なるが、経済産業省のデザイン政策の3つの柱の中でも、一般教育におけるデザイン教育の必要性に言及している。

　さらに、デザイン政策の民主化に必要となるのは社会政策と一体化されたアプローチである。社会問題の解決や社会包摂を目指すソーシャルデザインの推進が望まれる。その際、市民社会セクター（サードセクター）、社会的企業などの活動を推進する政策や、水平的ネットワークの形成、開かれた学術交流、開かれた議論・協同の場をバックアップするICT振興政策などとのリンクが重要である。また、インターネット等の活用は、事例で見てきたようにデザイン活動の可能性を高めるものであるが、全ての人がインターネットなどのICTを活用できる状況にはない。そのため、デジタル・ディバイドの問題を解消するための政策も、デザイン政策にとって有効な支援策となる。

　社会政策と一体化したアプローチは、倫理的価値や地球規模の観点を必要とする。地球の未来を考えた時、デザイン活動は、自国の競争力強化の手段だけのためではなく、例えば、他国の環境問題や社会問題を考慮に入れる必要性があるはずだ。デザイン活動は、特に資本主義が進展するに従って、倫理的価値と乖離したところで展開してきた側面が存在する。しかし、持続可能な社会形成のためのデザイン活動のあり方は、事例で見てきたように、社会的経済や社会包摂などの活動など、倫理的価値とも不可分の関係を持っている。倫理的価値との結びつきによって、デザイン活動は民主化されるのであり、民主的なデザイン活動の推進

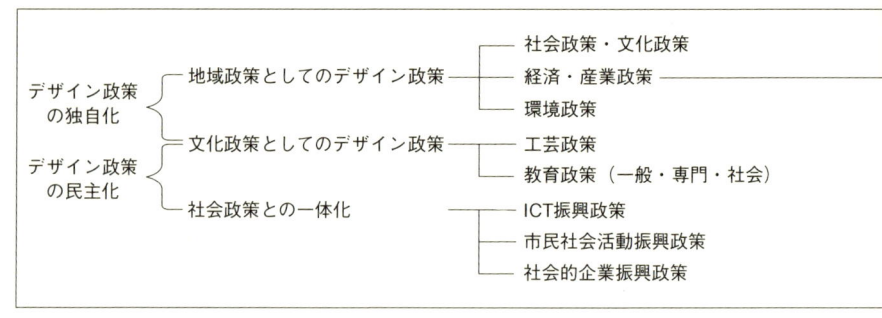

```
                                 ┌─ 社会政策・文化政策
              ┌─ 地域政策としてのデザイン政策 ─┼─ 経済・産業政策
デザイン政策   │                              └─ 環境政策
  の独自化  ┤
            │                              ┌─ 工芸政策
デザイン政策 ├─ 文化政策としてのデザイン政策 ─┤
  の民主化  │                              └─ 教育政策（一般・専門・社会）
            │
            │                              ┌─ ICT振興政策
            └─ 社会政策との一体化 ─────────┼─ 市民社会活動振興政策
                                           └─ 社会的企業振興政策
```

図5-5　デザイン政策のあり方

には、社会政策としての展開が重要な意味を持つのである。

　第3に、他セクターとの政策統合や連携の必要性である。事例から得られた重要な視点は、システムの相互依存性を踏まえた政策統合や連携の有効性であった。デザイン政策は、その多面的な役割や可能性を生かすことができるように、システムの相互依存性に基づいた政策連携・統合が重要である。デザインの民主的活用を推進するためには、文化政策と社会政策、教育政策の連携が不可欠である。また、自立的なデザイン活動を推進するには、デザイン教育政策や雇用政策、起業推進政策などを統合していくことが必要だ。ソーシャルデザイン活動を実践するには、社会政策はもちろんのこと、教育政策、環境政策、さらにはICT振興政策などとの統合的視点が必要となる。以上の政策のあり方をまとめたものが図5-5である。

　デザイン政策のあり方はそのまま、デザイン専門教育、つまりデザイナー教育のあり方に直結する。何度も繰り返すが、デザイン活動は分野を越えた総合的な活動であり、多分野の知識や実践、他分野との連携を必要とする。しかし、特に日本の場合、造形や技術面に重きを置きがちであった。持続可能な社会形成のためのデザイン活動は、多面的、学際的視野を必要とする。デザイナー教育も、デザインの政策と同様に、視野を広げる必要がある。例えば、社会政策や社会問題など社会科学分野の知識や市民社会セクターでの実践などは、デザイン教育に不可欠なものと位置づけられるべきであろう。

```
                      ┌── 起業政策
    ── 中小企業振興政策 ──┼── ICT振興政策
                      └── 工芸政策
                                        政策連携・
                                        統合
```

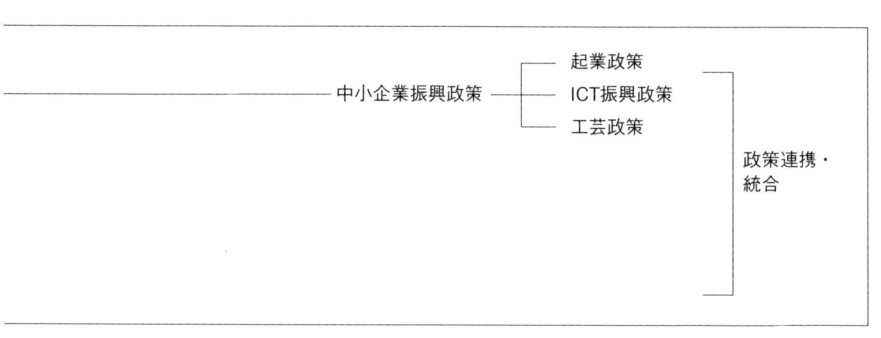

(筆者作成)

・注
1 北沢洋子「連帯経済について」[2006]（2012年5月21日最終確認）
  http://www.jca.apc.org/~kitazawa/undercurrent/2006/what_is_solidary_economy_2006.htm
2 'The Best Design Policies Are Local : A review of the Shaping the Global Design Agenda Conference'
  http://www.core77.com/blog/events/the_best_design_policies_are_local_a_review_of_the_shaping_the_global_design_agenda_conference_11798.asp （2012年5月21日最終確認）
3 'Results of the public consultation on design as a driver of user-centred innovation'
  http://ec.europa.eu/enterprise/policies/innovation/policy/design-creativity/design_consultation_en.htm （2012年5月21日最終確認）

おわりに

　本書は、持続可能な社会形成のためのデザイン活動とその政策のあり方という大きなテーマに挑戦したものである。ここでの成果の1つは、デザイン分野の研究に新しい枠組みやアプローチを実現したことである。またこのアプローチは、デザイン分野だけでなく、広く社会経済分野の研究の発展にも貢献できるものであったと考えている。第2に、デザイナーから行政関係者の方々までを対象として、多面的に実践のあり方を提示したことである。都市政策や地域政策の立案の際に、デザイン活動やその政策がどのようになされるべきかを示した。

　総括的考察で得られた知見を最後にまとめてみたい。

　第1に、3つの事例が共通して示しているのは、①様々な側面で持続可能性を高めることができるデザイン活動の働き、②デザイン活動によって、経済、社会、文化、環境システムをより持続可能なものに変化させることができる可能性、つまり、デザイン活動による社会変革の可能性、③文化資本としてや文化的価値を創出する文化活動としての可能性である。第2に、持続可能な社会形成のためには、多くのオルタナティブな社会経済理論でも重視されている、多様性、地域性、市民社会活動、水平的ネットワーク、社会包摂などのファクターを取り入れた相互強化関係の循環的構造を、デザイン活動に組み込んでいくことが重要であるという知見である。第3に、持続可能な社会形成を実現するためのデザイン活動を推進していくには、デザイン政策の独自化と民主化が必要であり、そのためには、地域政策や文化政策として取り組むとともに、他分野の政策との連携・統合が重要であるという政策提言である。

　デザイン活動のあり方を考察するには、数値化できない文化的価値の側面をどう評価していくかという困難がもともと存在する。デザイン活動の経済的な側面に比べ、文化的、社会的、環境的側面は客観的データが乏しく、客観的分析が難しい。そのため、今後の研究課題の1つは、これらの問題を克服していくアプローチや分析手法の開発であると考える。本書で取り上げた内容は、統計データによる分析が困難であったため、多様な方面からの情報の入手、情報量の確保によって客観性を得るための工夫を試みたが、さらなる工夫が必要であろう。また、

事例研究は全て国単位で取り扱ってきたが、地域性を重視するデザイン活動やその政策のあり方を考察するには、都市レベルや農村地帯を含む地域レベルで分析されることが必要である。ラテンアメリカ以外の地域の研究、地域による比較分析なども射程に入れて、地域レベルの研究を進めていくことが２つ目の課題である。３つ目の課題は、現在注目されている創造産業としての観点から、デザイン活動の役割やその振興政策について考察を行うことである。その際、デザイナーの偏在によるデザイン格差の問題や農村地帯における振興政策についても考察を行うことが必要であると考えている。

あとがき

　ラテンアメリカとの出会いは、青年海外協力隊員としての活動から始まっている。デザイン分野の研究をすることになったのも、この経験が起点となっている。1987年から2年間、コスタリカ共和国のコスタリカ工科大学インダストリアルデザイン科で活動する機会を得た。特別講座やテキスト作成の他に、開発業務としてテキスタイルデザインのコンクールプロジェクトも企画・実施した。現地での活動から得たものは大きく、日本の国際協力やデザイン活動のあり方についても考えるようになった。それが、「デザイン活動はどうあるべきなのか」「その政策はどうあるべきなのか」という現在の研究テーマにつながっている。

　協力隊活動以来の親友であるルイス・フェルナンド・キロスから、「経済危機に対してデザインは何ができるのか？」と訊ねられたことがあった。私は意外な質問に戸惑い、「間接的には、中小企業活性化につながるようなデザイン活動ではないか」と答えるにとどまった。その時は気がつかなかったが、実は本書で取り上げているラテンアメリカの事例がそのままキロスの質問への答えにもなっている。ラテンアメリカのデザイン関係者、彼ら自身がすでにキロスへの答えとなるデザインを実践していたのだ。

　ここでは取り上げていないが、日本でもデザインの社会的役割を意識した新しいタイプの実践や取り組みが目立ってきている。デザイン活動が農業や地域再生、福祉などの分野に期待されることも多くなった。今後は日本のデザインの取り組みについても取り上げ、研究を深めていく必要性があると考えている。

　本書は、大阪市立大学大学院創造都市研究科の博士学位論文「持続可能な社会形成のためのデザイン活動とその政策のあり方に関する研究：ラテンアメリカの事例を通して」（2011年）を基に、新たに調査した内容を補足しながら大幅に修正を加え、書物としてまとめたものである。第2章は、[2008]「文化としてのデザイン活動—ブラジルにおける工芸の活性化と政策—」『文化経済学』第6巻第1号（pp.35-48）を、第3章は[2009]「ファッション分野から見たデザイン活動の意味と可能性—コスタリカの事例を通して—」『文化経済学』第6巻第4号（pp.37-50）を、第4章は[2011]「ソーシャルネットワークを通したデザイ

ン活動の可能性：アルゼンチンを事例として」『創造都市研究』第7巻1号（pp.69-92）をそれぞれ加筆修正している。

　創造都市研究科の佐々木雅幸教授には、創造都市研究科博士課程入学以来、幅広く丁寧なご指導を頂いてきた。佐々木先生には学位論文をご指導頂いただけではなく、本書をまとめるにあたっても様々な面からご助言を頂いた。今振り返っても、佐々木先生のもとで研究できたことは本当に幸運であったと思う。出版にあたって心よりお礼を申し上げたい。また、佐々木ゼミの仲間からは多くの事を学ばせて頂き、研究を続けていく上で大きな励みとなった。さらに、貴重なご助言や励ましの言葉を下さった水曜社社長の仙道弘生氏と編集部の福島由美子氏にも、この場をお借りして感謝の意を表したい。最後に、ラテンアメリカの友人たちにお礼を申し上げたい。彼らの友情と協力がなければ、調査を実現することも、研究成果をまとめることもできなかった。

参考文献一覧

アクシス［2004］『AXIS』10月号、vol.111
アクシス［2006］『AXIS』6月号、vol.121
吾郷健二・佐野誠・柴田徳太郎編［2008］『現代経済学　市場・制度・組織』岩波書店
浅井治彦・益田文和編［2010］『エコデザイン』東京大学出版会
アジア経済研究所［2006］『ラテンアメリカレポート VOL.23 NO.2』
アジア経済研究所［2008］『ラテンアメリカレポート VOL.25 NO.1』
アジア太平洋資料センター［2009］『オルタ3/4号』
阿部公正監修［1998］『世界デザイン史』美術出版社
アルベルト松本［2007］『アルゼンチンを知るための54章』明石書店
池上惇［1991］『文化経済学のすすめ』丸善ライブラリー
池上惇・二宮厚美編［2005］『人間発達と公共性の経済学』桜井書店
池亀拓夫［1996］『デザイン宣言』ダイヤモンド社
植田和弘・落合仁司・北畠佳房・寺西俊一［1991］『環境経済学』有斐閣ブックス
内橋克人・佐野誠編［2005］『ラテン・アメリカは警告する　「構造改革」日本の未来』新評論
榮久庵憲司監修［1996］『広がるデザイン③　デザインの産業パフォーマンス』鹿島出版会
太下義之［2009］「英国の「クリエイティブ産業」政策に関する研究」三菱UFJリサーチ＆コンサルタント『季刊　政策・経営研究』Vol.3
遅野井茂雄・宇佐見耕一編［2008］『21世紀ラテンアメリカの左派政権：虚像と実像』アジア経済研究所
小野二郎［2011］『ウィリアム・モリス　ラディカル・デザインの思想』中央公論新社
科学技術政策研究所［2009］「第3期科学技術基本計画のフォローアップに係る調査研究　科学技術を巡る主要国等の政策動向分析報告書」NISTEP REPORT No.117
郭洋春・戸崎純・横山正樹編［2004］『脱「開発」へのサブシステンス論』法律文化社
柏木博［1998］『デザインの20世紀』NHKブックス
柏木博［2000］『ファッションの20世紀』日本放送出版協会
柏木博［2002a］『20世紀はどのようにデザインされたか』晶文社
柏木博［2002b］『モダンデザイン批判』岩波書店
柏木博［2011］『デザインの教科書』講談社現代新書
勝井三雄・田中一光・向井周太郎監修［2009］『新版　現代デザイン事典　2010年版』平凡社
加茂雄三編［1990］『転換期の中米地域－危機の分析と展望』大村書店
河北秀也監修／山本哲士編集［2007］『iichiko　2007　NO.95』新曜社
北沢洋子［2007］『利潤か人間か　グローバル化の実態と新しい社会運動』コモンズ
北島健一［2007］「連帯経済論の展開方向－就労支援組織からハイブリッド化経済へ－」西

川潤・生活経済政策研究所『連帯経済　グローバリゼーションへの対案』明石書店
共同企画／【東京・大阪・熊本】実行委員会［2006］『勃興する社会的企業と社会的経済』同時代社
クール・ジャパン官民有識者会議［2011］「新しい日本の創造－「文化と産業」「日本と海外」をつなぐために－　クール・ジャパン官民有識者会議提言」
国本伊代編著［2004］『コスタリカを知るための55章』明石書店
慶応義塾大学経済学部編［2003］『市民的共生の経済学４　経済学の危機と再生』弘文堂
経済産業省製造産業局デザイン政策チーム［2003］「戦略的デザイン活用研究会報告「デザインはブランド確立への近道」－デザイン政策ルネッサンス－（競争力強化に向けた40の提言）
経済産業省製造産業局繊維課［2008］『繊維産業の展望と課題』時事画報社
経済産業省製造産業局［2009］「デザイン政策ハンドブック2009」
小池洋一［2006］「国家、市場を社会に埋めこむ―ブラジルにおける多元的社会創造への挑戦」野村亨・山本純一編著『グローバル・ナショナル・ローカルの現在』慶應義塾大学出版会
小池洋一・西島章次編［1999］『ラテンアメリカの経済』新評論
小池洋一・堀坂浩太郎編［1999］『ラテンアメリカ新生産システム論』アジア経済研究所
工業デザイン全集編集委員会［1996］『工業デザイン全集　第１巻　理論と歴史』日本出版サービス
国際協力銀行開発金融研究所［2003］『中米諸国の開発戦略（JBICI Research Paper No.23)』
国際デザイン交流協会［2007］「平成19年度デザインストラテジーフォーラム事業報告書」
国立国会図書館調査及び立法考査局［2010］「持続可能な社会の構築　総合調査報告書」
後藤和子［2005］『文化と都市の公共政策』有斐閣
後藤和子・福原義春編［2005］『市民活動論　持続可能で創造的な社会に向けて』有斐閣
後藤武・佐々木正人・深澤直人［2004］『デザインの生態学』東京書籍
佐々木雅幸［2001］『創造都市への挑戦』岩波書店
佐々木雅幸［2005］『創造都市の経済学』勁草書房
佐々木雅幸［2009］「創造都市の再構成に向けて」文化経済学会『文化経済学』第６巻第３号
佐々木雅幸［2011］「創造都市と社会包摂」（社）大阪自治体問題研究所『都市と文化』研究年報第14号
佐々木雅幸・川崎賢一・河島伸子［2009］『文化政策のフロンティア１　グローバル化する文化政策』勁草書房
佐々木雅幸＋総合研究開発機構［2007］『創造都市への展望』学芸出版社
佐々木雅幸・水内俊雄編著［2009］『創造都市と社会包摂』水曜社
サステナブルデザイン国際会議実行委員会編［2006］『明日はきっとサステナブル　サステナブル・エブリディ・プロジェクト東京展ガイドブック』

佐藤健二・吉見俊哉［2007］『文化の社会学』有斐閣アルマ
佐野寛［1997］『21世紀的生活』三五館
佐野誠［2009］『「もうひとつの失われた10年」を超えて原点としてのラテン・アメリカ』新評論
篠田武司・宇佐見耕一編［2009］『安心社会を創る　ラテン・アメリカ市民社会の挑戦に学ぶ』新評論
篠田武司・西口清勝・松下冽編［2009］『グローバル化とリージョナリズム』御茶の水書房
ジャパン・クリエーション実行委員会編［2007］『TOKYO FIBER '07 SENSEWARE』朝日新聞社
菅靖子［2005］『イギリスの社会とデザイン　モリスとモダニズムの政治学』彩流社
菅谷実・金山智子編［2007］『ネット時代の社会関係資本形成と市民意識』慶応義塾大学出版会
嶋田厚・柏木博・吉見俊哉編［1998］『情報社会の文化 3　デザイン　テクノロジー　市場』東京大学出版会
新日本出版社『経済』No.159　2008年12月号
鈴木孝憲［2002］『ブラジルの挑戦　世界の成長センターをめざして』JETRO 叢書
高島直之監修［2006］『デザイン史を学ぶクリティカル・ワーズ』フィルムアート社
田中高［1997］『日本紡績業の中米進出』古今書院
田中祐二・小池洋一編［2010］『地域経済はよみがえるか　ラテン・アメリカの産業クラスターに学ぶ』新評論
谷田博幸［1997］「特集ウィリアム・モリスの装飾人生」『芸術新潮 6 月号』新潮社
鶴見和子・川田侃編［1989］『内発的発展論』東京大学出版会
デザイン史学研究会［2006］『デザイン史学』第 4 号
テッサ・モーリス＝スズキ著、吉見俊哉編［2004］『グリーバリゼーションの文化政治』平凡社
独立行政法人中小企業基盤整備機構［2007］『「繊維・ファッション産業欧州事情調査」報告書』
富澤修身［2003］『ファッション産業論』創風社
内閣府経済社会総合研究所［2007］『イノベーション政策の国際的な傾向－サーベイ』ESRI Discussion Paper Series No.186
長田謙一・樋田豊郎・森仁史編［2006］『近代日本デザイン史』美学出版
西川潤・生活経済政策研究所［2007］『連帯経済　グローバリゼーションへの対案』明石書店
西島章次・小池洋一編著［2011］『シリーズ・現代の世界経済 7　現代ラテンアメリカ経済論』ミネルヴァ書房
西島章次・細野昭雄編著［2004］『現代世界経済叢書 7　ラテンアメリカ経済論』ミネルヴァ書房
二宮康史［2005］「産業競争力のカギを握る中小企業」堀坂浩太郎編著『ブラジル新時代』

勁草書房
二宮康史［2007］『ブラジル経済の基礎知識』日本貿易振興機構
日本インダストリアルデザイナー協会［1993］『JIDA40周年記念日本インダストリアルデザイン会議録：1993［創造産業の行方］－広がるデザイン－』
日本インダストリアルデザイナー協会［2001］『IT革命とデザイン新世紀　デジタル社会におけるインダストリアルデザイナーの新たな役割』
日本経済団体連合会産業技術委員会［2009］『イノベーション政策に関する欧州調査総括』
日本デザイン学会［2007］『デザイン学研究特集号』第14巻3号
日本デザイン学会［2008］『デザイン学研究特集号』第16巻1号
日本デザイン学会［2010］『デザイン学研究特集号』第17巻1号
日本デザイン学会［2011］『デザイン学研究特集号』第17巻4号
日本デザイン学会［2011］『デザイン学研究特集号』第18巻1号
日本デザイン学会［2011］『デザイン学研究特集号』第18巻3号
日本デザイン機構編［1996］『デザインの未来像』晶文社
日本デザイン機構監修［2009］『クルマ社会のリ・デザイン　近未来モビリティへの提言』鹿島出版会
日本デザイン機構監修［2009］『消費社会のリ・デザイン　豊かさとは何か』大学教育出版
野村亨・山本純一編著［2006］『グローバル・ナショナル・ローカルの現在』慶応義塾大学出版会
阪急コミュニケーションズ［2005］『pen』No.155
阪急コミュニケーションズ［2006］『pen』No.188
美術出版社［1999］『デザインの現場』vol.16／no.106
美術出版社［2005］『デザインの現場』vol.22／no.138
美術出版社［2008］『デザインの現場』vol.25／no.159
平野健一郎［2000］『国際文化論』東京大学出版会
深井晃子［2005］『ファッションの世紀』平凡社
藤田治彦［2004］『SD選書226　ウィリアム・モリス［近代デザインの原点］』鹿島出版会
ブラジル日本商工会議所編［2005］『現代ブラジル事典』新評論
文化経済学会［2009］『文化経済学』第6巻第4号
細野昭雄「CAFTAと日本・中米経済関係」［2007］ラテン・アメリカ政経学会『ラテン・アメリカ論集』第41号
堀坂浩太郎編著［2005］『ブラジル新時代』勁草書房
堀坂浩太郎［2012］『ブラジル　跳躍の軌跡』岩波書店
松岡由幸編著［2008］『もうひとつのデザイン』共立出版
松下冽［2006］『途上国社会の現在』法律文化社
松下冽［2007］『途上国の試練と挑戦　新自由主義を超えて』ミネルヴァ書房
松下洋・乗浩子編［2004］『ラテンアメリカ政治と社会』新評論
水野誠一企画監修［2000］『20－21世紀　DESIGN INDEX』INAX出版

水野一・西沢利栄編［1997］『ラテンアメリカ・シリーズ7　ラテンアメリカの環境と開発』新評論
宮川公男・大守隆編［2004］『ソーシャル・キャピタル』東洋経済新報社
宮崎清［1995］『図説・藁の文化』法政大学出版局
宮本憲一［1989］『環境経済学』岩波書店
宮本憲一［2004］『日本社会の可能性　維持可能な社会へ』岩波書店
宮本憲一［2007］『環境経済学　新版』岩波書店
宮脇理［1993］『デザイン教育ダイナミズム』建帛社
向井周太郎［2008］『生とデザイン　かたちの詩学Ⅰ』中央公論新社
向井周太郎［2009］『デザイン学　思索のコンステレーション』武蔵野美術大学出版局
ムラタ・チアキ・柳瀬理恵子・伊勢誠・和田真吾［2012］『SOCIAL DESIGN CONFERENCE 2012』ソーシャルデザインカンファレンス実行委員会
山崎圭一［2006］『リオのビーチから経済学』新日本出版社
山崎亮［2011］『コミュニティデザイン　人がつながるしくみをつくる』学芸出版社
山本雅也［2005］『"インハウスデザイナー"は蔑称か』ラトルズ
(社)ラテン・アメリカ協会［2006］『ラテン・アメリカ時報 NO.3』
EU・ジャパンフェスト日本委員会編［2003］『グローバル化で文化はどうなる？』藤原書店
NPO法人都市文化創造機構［2010］『文化芸術創造都市推進事業報告書』
Angulo, José Eduardo [2005] 'UNDÉCIMO INFORMAE SOBRE EL ESTADO DE LA NACION ENDESARROLLO HUMANO SOSTENIBLE PYME y Banca de Deserrollo' Consejo Nacional de Rectores
http://www.estadonacion.or.cr/images/stories/informes/011/docs/Pyme_Banca_Desarrollo.pdf （2012年5月21日最終確認）
ARC DESIGN [2006] "*ARC DESIGN*", No.48, São Paulo
Arce Pérez, Ronald [2007] 'Posicionamiento 2002-2006 y concentracion en 2006 de las exportaciones costarricenses' Promotora del Comercio Exterior de Costa Rica :PROCOMER
http://www.procomer.com/contenido/descargables/investigaciones_economicas/2007/Posicionamiento%20y%20concentracion%20de%20nuestras%20exportaciones%20 (May.%2007).pdf （2012年5月21日最終確認）
Ascúa, Rubén [2009] "La importancia del proceso emprendedor en la Argentina post-crisis 2002 y las asimetrías en la evaluación de factores influyentes en el financiamiento de empresas jóvenes", Santiago de Chile, CEPAL
Associação Objeto Brasil [2005] "*A GLIMPSE OF BRAZILIAN DESIGN*", São Paulo, IMPRENSA OFICIAL DO ESTADO DE SÃO PAULO
Barnard, Malcolm [1998] "*ART, DESIGN AND VISUAL CULTURE*", Great Britain, MACMILLAN PRESS LTD,（マルコム・バーナード［2002］『アート、デザイン、ヴィジュアルカルチャー』永田喬・菅靖子訳、アグネ承風社）

Barratt Brown, Michael [1993] "*Fair Trade: Reform and Realities in the International Trading System*", Zed Books, London(マイケル・バラット・ブラウン [2006]『フェア・トレード』青山薫・市橋秀夫訳、新評論)

Baudrillard, Jean [1970] "*La Société de consommation, Ses mythes, Ses structures*", Gallimard(ジャン・ボードリヤール [1995]『消費社会の神話と構造』今村仁司・塚原史訳、紀伊国屋書店)

BEDA(Bureau of European Design Association)[2000]'European competitiveness and innovation through design'
http://90plan.ovh.net/~bedafvpv/admin/web/uploads/files/48630e386aae67f360f331cbb5d6c85f.pdf(2012年5月21日最終確認)

BEDA [2000]'Design as a key intangible-delivering value to the bottom line'
http://beda.org/index.php/resources/item/120-design-as-a-key-intangible(2012年5月21日最終確認)

BEDA [2001]'Embracing Sustainability'
http://90plan.ovh.net/~bedafvpv/admin/web/uploads/files/9bf1cab8c9ca8124146c48fb3ad02dc0.pdf(2012年5月21日最終確認)

BEDA [2002]'Stimulating wealth creation: the European creative industries and role of design within them'
http://beda.org/index.php/resources/item/119-stimulating-wealth-and-creation(2012年5月21日最終確認)

BEDA [2003]'Design and Regions-Supporting regional Growth and Development through Design'
http://beda.org/index.php/resources/item/118-design-and-the-regions(2012年5月21日最終確認)

BEDA [2004]'DESIGN ISSUES IN EUROPE TODAY'
http://beda.org/index.php/resources/item/117-design-issues-in-europe-today(2012年5月21日最終確認)

Berz, Isabel [2007]'Moda y nuevas sensibilidades' Instituto Europeo di Design "*ZONA DE EMERGENCIA NUEVOS VOLORES DEL DISEÑO*" Madrid, Instituto Europeo di Design

Bonaldi, Pablo [2007]'La larga historia de una política social. Disputas y tensiones en la ejecución del Programa de Apoyo a Grupos Comunitarios de la Ciudad de Buenos Aires, 1986-2003' Centro de Documentación en Políticas Sociales Dirección General de Promoción del Voluntariado y Sociedad Civil Subsecretaria de Gestión social y Comunitaria Ministerio de Derechos Humanos y Sociales del Gobierno de la Ciudad Autónoma de Buenos Aires.

Bordin Rodrigues, Culaudia, Luiz Ernesto Merikle, Maristela Mitsuko Ono [2006]'Dimensões Sociais e Culturais do Design de Interação: algumas considerações para a teoria e práctica do design', Congresso Brasileiro de pesquisa e desenvolvimento em design, "*P&D paraná 2006*", Curitiba

Borges, Adélia [2012] "*Design + Artesanato : o caminho brasileiro*", São Paulo, Editora Terceiro Nome

Braga, Christiano [2003] 'A cultura nas politicas e programas do SEBRAE',UNESCO "*Politicas culturais para o desenvolvimento: uma base de dados para a cultura*", São Paulo, UNESCO

Brasil Faz Design Ltd [2002] "*Brasil Faz Design*", São Paulo, Brasil Faz Design Ltd

Brown, Lester R [2011] "*WORLD ON THE EDGE How to Prevent Environmental and Economic Collapse*", New York, W・W・NORTON & COMPANY（レスター・R・ブラウン [2012]『地球に残された時間　80億人を希望に導く最終処方箋』枝廣淳子・中小路佳代子訳、ダイヤモンド社）

BUMBA Editora [2006] "*BUMBA*" No.27, São Paulo

Calcagno y D'Alessio [2009] 'Sobrecrecimiento y valor agregado.La dinamica de la economia cultural' "*Indicadores Cuturales/Argentina 2009*" http://www.untref.edu.ar/documentos/indicadores_culturales/2009/Sobrecrecimiento%20-%20Francisco%20DAlessio.pdf　（2012年5月20日最終確認）

Casacuberta, David [2008] 'Industrias Culturales en la web2.0' Fondo Multilateral de Inversiones Banco Inter-Americano de Desarrollo

Cavalcanti, Virginia Pereira, Célia Campos, Ana Maria Andrade, Germannya D' Garcia de Araújo Silva, Josivan Rogrigues, Erimar José Cordeiro, João Vale, Quésia Costa [2006] 'Cultura,Design e Desenvolviment Sustentável:Um experimento no Cabo de Santo Agostinho' Congresso Brasileiro de pesquisa e desenvolvimento em design "*P&D parana 2006*", Curitiba

Centro Metropolitano de Diseño [2009] "*EMPRESAS + DISEÑO*", Buenos Aires, CMD

Centro Metropolitano de Diseño [2011] "*Aportes de Diseño una herramienta para mejorar el desempeño empresarial*", Buenos Aires, CMD

Centro Metropolitano de Diseño [2011] "*PyME + Diseño Un estudio sobre la demanda de diseño entre las Pyme industriales del Área metropolitana de Buenos Aires*", Buenos Aires, CMD

Centro Nacional de Organizaciones de la Comunidad [2003] "*Acerca de la Constitución del Tercer Sector en la Argentina*", Buenos Aires, CENOC

Centro Nacional de Organizaciones de la Comunidad [2007] "*Organizaciones de la Sociedad Civil en la Argentina*", Buenos Aires, Consejo Nacional de Coordinación de Políticas Sociales

Centro Nacional de Organizaciones de la Comunidad [2008] "*Manual Metodológico para el fortalecimiento Institucional de Redes Territoriales de Organizaciones de Basea*", Buenos Aires, Consejo Nacional de Coordinación de Políticas Sociales

Centro São Paulo Design [2005] "*Requisitos Ambientais para o Desenvolvimento de Produtos*", São Paulo, Centro São Paulo Design

CEPAL [2002] "*Social Panorama of Latin America 2001-2002*", Santiago de Chile, CEPAL

CEPAL [2003] "*Anuario estadistico de América Latina y Caribe 2001-2002*", Santiago de Chile, CEPAL

CEPAL [2007] "*Panorama Social de America Latina 2007*", Santiago de Chile, CEPAL

Cerqueira Freitas, Ana Luiza [2011] "*Design e Artesanato*", São Paulo, Editora Bluvher

Consumer Citizenship Network and Everyday Project (SEP) [2009] "*LOLA Looking for Likely Alternatives*", Norway, Hedmark University College

Coraggio, José Luis [2007] 'Instituciones, cultura y ética en desarrollo local' Comentario presentado en el panel 'Experiencias de Desarrollo Local con diferentes énfasis: político institucional, sostenibilidad, cultural en el Seminario Internacional sobre Desarrollo Económico Local', 25-27 de julio de 2007, en Bogotá D.C., Colombia http://www.coraggioeconomia.org/jlc/archivos%20para%20descargar/Instituciones,%20cultura%20y%20etica%20en%20el%20desarrollo%20local.pdf （2012年5月21日最終確認）

Coraggio, José Luis [2009] 'TERRITORIO Y ECONOMÍAS ALTERNATIVAS' Ponencia presentada en el I SEMINARIO INTERNACIONAL PLANIFICACIÓN REGIONAL PARA EL DESARROLLO NACIONAL, Visiones, desafíos y propuestas, La Paz, Bolivia, 30-31 de Julio 2009

Design Wales [2009] "*SEE Policy Booklet 01 Integrating Design into Regional Innovation Policy*", Cardiff, http://www.seeproject.org/docs/SEE%20Policy%20Booklet%201(3).pdf （2012年5月21日最終確認）

Dirección de Industrias creativas y Comercio Exterior, Ministerio de Desarrollo Economico, Gobierno de Ciudad de Buenos Aires [2010] "*ANUARIO2009 Industrias Creativas de la Ciudad de Buenos Aires*", Buenos Aires, Ciudad de Buenos Aires

Entwistle, Joanne [2000] "*The Fashioned Body*", Oxford, Polito press, （ジョアン・エントウィスル [2005]『ファッションと身体』鈴木信雄監訳、日本経済評論社）

Facultad Arquitectura, Diseño y Urbanismo, Universidad de Buenos Aires [2008] "*Artesanía y Diseño Laboratorio para el fortalecimiento productivo institucional*" Buenos Aires, FADU, UBA

Fiorini, Marcos, Florez Alvaro Martinez, Ana Siro [2008] 'Estrategias de producto para una empresa social' http://www.investigacionaccion.com.ar/catedragalan/trabajos/9151ea09f490a2d3af877ef22dfdee5f_monografia_ybytu_g.pdf （2012年5月21日最終確認）

Fisher, William, Thomas Ponniah [2003] "*ANOTHER WORLD IS POSSIBLE*", London,

Zed Books, (ウィリアム・フィッシャー、トーマス・ポニア編 [2003] 『もうひとつの世界は可能だ』加藤哲郎監修、大屋定晴・山口響　白井聡・木下ちがや監訳、日本経済評論社)

Fonseca Reis, Ana Carla [2008] "Economía creativa; como estrategia de desarrollo ; una visión de los países en desarrollo", São Paulo, Itaú Cultural

Galán, Beatriz [2003] 'The economical and social crisis as a context for the assimilation of New technologies in Argentina' B. Sapio(eds.) "The good, the bad and the irrelevant, the user and the future of the information and communication technologies", Helsinki, COST European Cooperation in Science and Technology Foundation & University of Art & Design

Galán, Beatriz [2007] 'Transferencia de diseño en comunidades productivas emergentes' Programa Acunar, Facultad de Artes, Universidad Nacional de Colombia, "diseño & territorio", Bogotá, Colombia, Universidad Nacional de Colombia

Galán, María Beatriz [2008a] 'El sistema del diseño en Argentina,oportunidades para cooperación ítalo argentina.' Panel Contexto Actual del Diseño,Workshop Argentino-Italiano sobre diseño industrial Dirección Nacional de Relaciones Internacionales, Ministerio de Ciencia Tecnología e Innovación Productiva

Galán, María Beatriz [2008b] 'Diseño y complegidad en la cátedra de Metdología de la Carrera de Diseño Industrial' Universidad Nacional de Cuyo, Facultatd de Artes y Diseño "huellas...Búsquedas en Artes y Diseño No.6", Mendoza, Argentina, Universidad Nacional de Cuyo

Galán, María Beatriz [2008c] 'DISEÑO ESTRATEGICO,NUEVAS TECNOLOGIAS:UNA ALIANZA ESTRATEGICA PARA LA SUSTENTABLIDAD' FADU, UBA

Galán, María Beatriz [2008d] 'El diseno en Agenda de la Transferencia. El Rol de la Universidad' II JORNADAS RedVITEC 19,20 de Nobiembre de 2008, Universidad de Entre Rios

Galán, Beatriz (compiladora) [2011] "Diseño, proyecto y desarrollo Miradas del período 2007-2010 en argentina y latinoamerica", Buenos Aires, WOLKOWICZ EDITORES

Galán, Beatriz, Maidana Legal A, Senar P [2007] 'Design for development' Sapio B. et al (eds.) "The good, the bad and the Unexpected, The user and the future of the information and communication technologies", Helsinki, COST European Cooperation in Science and Technology Foundation & Russian Federation

Galán, B, Lidia Orsi [2008] 'LA MIRADA DEL DISEÑO ENTRE EL PROCESO Y EL PROYECTO:IMPREMENTACION DE UNA DIDACTICA DE LA COMPLEGIDAD EN LA CATEDRA DE METODOLOGIA APLICADA AL DISEÑO', FADU, UBA

Galán, B. y D. Rodríguez Barros [2009] 'Internet and dynamics of networks: a case of the academic environment'. Sapio, B. et.al.edits. "Conference Proceedings COST- Action-298", Copenhagen, COST European Science Foundation & Aalborg University

Garavello, Maria Elisa de P.E., Silvia M. G. Molina [2006] 'O ARTESANATO COM FIBRA DE BANANEIRA', Congresso Brasileiro de pesquisa e desenvolvimento em design "*P&D paraná 2006*", Curitiba

Gómez Barrera, Yaffa Nahir Ivette, Carmen Adriana Pérez Cardona [2009] 'AMBIENTE, SOCIEDAD Y DISEÑO' Universidad Católica Popular del Risaralda "*Páginas No.85*", Pereira, Colombia, UCPR

Grootaert, Christiaan [1998] 'Social Capital: The Missing Link?' Social Capital Initiative Working Paper No.3, The World Bank http://siteresources.worldbank.org/INTSOCIALCAPITAL/Resources/Social -Capital-Initiative-Working-Paper-Series/SCI-WPS-03.pdf（2010年5月2日最終確認）

Guimarães, Luiz Eduardo Cid, Leiliam Cruz Dantas [2006] 'Disenho industrial e artesanato no NE do Brasil', Congresso Brasileiro de pesquisa e desenvolvimento em design "*P&D paraná 2006*", Curitiba

Hantouch, Julieta, María de los Angeles Sola Alvarez [2007] 'Una aproximación a las Redes de Organización de la Sociedad Civil en Argentina' 8th Conferencia de la sociedad internacional de investigadores del Tercer Sector , Barcelona, http://www.istr.org/conferences/barcelona/WPVolume/Hantouch.Sola%20Alvarez.Esp.pdf （2010年5月2日最終確認）

Hawken, Paul, Amory B Lovins, L. Hunter Lovins [1999] "*NATURAL CAPITALISM Creating The Next Industrial Revolution*", London, Little, Brown and Company（ポール・ホーケン、エイモリ・B・ロビンス、L・ハンター・ロビンス [2001]『自然資本の経済』佐和隆光監訳、日本経済新聞社）

Heskett, John [2002] "*Toothpicks and Logos: Design in Everyday Life*", Oxford, Oxford University Press,（ジョン・ヘスケット [2007]『デザイン的思考－つまようじからロゴマークまで』菅靖子、門田園子訳、ブリュッケ）

Hirschman, Albert [1984] "*Getting Ahead Collectively: Grassroots Experience in Latin America*", New York, Pergramon Press Inc（アルバート・ハーシュマン [2008]『連帯経済の可能性』矢野修一 他訳、法政大学出版局）

Hollanders, Hugo, Stefano Tarantola, Alexander Loschky [2009] 'Regional Innovation Scoreboard(RIS)2009' INNO METRICS（PRO INNO EUROPE）December 2009, http://www.proinno-europe.eu/page/regional-innovation-scoreboard （2012年5月21日最終確認）

Hollanders, Hugo & Adriana Van Cruysen, Maastrichit [2008] 'Economic and Social Research and traning center on Innovation and Technology', Maastricht University http://www.proinno-europe.eu/admin/uploaded_documents/EIS_2008_Creativity_and_Design.pdf （2012年5月21日最終確認）

ICOGRADA (International council of grafic design association) [2009] 'Seoul Design Survey'

http://www.icograda.org/news/year/2010_news/articles1710.htm （2012年 5 月21日 最終確認）
INSTITUTO BRASILEIRO DE GEOGRAFIA E ESTATISTICA [2006] "*Anuário Estatístico do Brasil 2005*", Rio de Janeiro, IBGE
INSTITUTO CENTRO DE CAPACITAÇÃO E APOIO AO EMPREENDEDOR (CENTRO CAPE) [2006] "*PESQUISA VOX POPULI FNA*" Belo horizonte, MG, Brasil, CENTRO CAPE
Instituto de Estudos e Marketing Industrial Ltda [2006] "*BRASIL TEXTIL 2006*", São Paulo, IEMI
Instituto Itaú Cultural [2008] "*ECONOMÍA CREATIVA como estrategia de desarrollo : una visión de los países en desarrollo*", São Paulo, Instituto Itaú Cultural
Instituto Nacional de Asociativismo y Economía Social [2008] "*Las Cooperativas y Mutuales en la República Argentina : rempadronamiento Nacional y censo económico sectorial de cooperativas y mutuales*", Buenos Aires, INAES
Instituto Nacional de Educación Tecnológica [2010] "*El sector Indumentaria en Argentina Informe Final*", Buenos Aires, inet
Instituto Nacional de Tecnología Industrial [2009] "*Diseño en Argentina , estudio del impacto económico 2008 Instituto Nacional de Tecnología industrial Programa de Diseño*", Buenos Aires, INTI
Instituto Nacional de Tecnología industrial [2010/2011] "*Diseño de indumentaria de autor en Argentina*", Buenos Aires, INTI
Instituto Nacional de Tecnología industrial [2010] 'Sumar con diseño Anuario del Programa de Diseño 2009', INTI
http://www.inti.gov.ar/prodiseno/pdf/prodis_anuario_09.pdf （2010年月 2 日最終確認）
Instituto Nacional de Tecnología industrial [2011] "*Objeto Fieltro Oportunidades de agregar valor a la cadena lanera*", Buenos Aires, INTI
Kanerva, Minna, Hugo Hollanders [2009] 'The Impact of Economic Crisis on Innovation Analysis based on the Innobarometer 2009 survey' INNO METRICS (PRO INNO EUROPE) December 2009
http://www.proinno-europe.eu/page/thematic-papers-2 （2010年5月 2 日最終確認）
Kantis, Hugo, Sergio Drucaroff [2008] "*Nuevas Empresas y Emprendedores de Moda En Buenos Aires: Hacia Un Cluster de Diseño?*", Los Polvorines, Argentina, Universidad Nacional de General Sarmiento
Katz, Jorge [2006] "*Tecnologías de la información y la Comunicación e Industrias Culturales. Una perspectiva Latinoamericana*", Santiago, CEPAL
Klein, Naomi [2000] "*No Logo*", Toronto, VINTAGE CANADA （ナオミ・クライン [2001] 『ブランドなんかいらない』松島聖子訳、はまの出版）
Kliksberg, Bernardo [1999] 'Social Capital and Culture: master keys to development', CE-

PAL "*CEPAL Review No. 69*", Santiago, CEPAL

Kootstra, Gert [2009] "*THE INCORPORATION OF DESIGN MANAGEMENT IN TODAY'S BUSINESS PRACTICE*", DME（Design Management Europe）http://www.designmanagementeurope.com/site/index.php?page=2&a=38 （2010年10月18日最終確認）

Korean Institute of Design Promotion(KIDP) [2008] 'National Design Competitiveness 2008' http://cdx.dexigner.com/article/17907/KIDP_National_Design_Competitiveness.pdf （2012年5月21日最終確認）

Krippendorff, Klaus [2006] "*the semantic turn; a new foundation of design*", New York, Taylor & Francis Group, LLC（クラウス・クリッペンドルフ [2009]『意味論的転回 デザインの新しい基礎理論』小林昭世、川間哲夫、國澤好衛、小口裕史、蓮池公威、西澤弘行、氏家良樹訳、SiB access）

Landry, Charles [2000] "*The Creative City: A Toolkit for Urban Innovators*", London, Earthscan Pubns Ltd.（チャールズ・ランドリー [2003]『創造的都市－都市再生のための道具箱』後藤和子訳、日本評論社）

Latouché, Serge [2004] "*Survivre au dévoloppement ; de la décolonisation de l'imaginare économique á la construction d'une société alternative*", Paris, Mille et une nuits

Latouché, Serge [2007] "*Petit traité de la décroissance sereine*", Paris, Mille et une nuits（セルジュ・ラトゥーシュ [2010]『経済成長なき社会発展は可能か？』中野佳裕訳、作品社）

Loschiavo dos Santos, Maria Cecilia [2007] 'MOVING BEYOND HOMELESSNESS. HOW DESIGN CAN BE AN INSTRUMENT FOR CHANGE', International Association of Societies of Design Resrech 07, Hongkong Politechnic University, 12～15, November 2007

Lovink, Geert [2005] "*The Principle of Notworking*", Amsterdam, HvA Publicaties.

Ministério da Cultura [2011] "*Plano da Secretaria da Economia Criativa: políticas, diretrizes e ações, 2011 - 2014*", Brasilia, Ministério da Cultura, Brasil

Ministerio de Industria [2011] "*Sello Buen Diseño*", Buenos Aires, Ministerio de Industria, República Argentina

Molina, Iván, Steven Palmer [1997] "*Historia de Costa Rica : breve, actualizada y con ilustraciones*", San José, Costa Rica, Editorial Universidad de Costa Rica（イバン・モリーナ、スティーブン・パーマー [2007]『コスタリカの歴史』国本伊代・小澤卓也訳、明石書店）

Monsuerto, Sandro Eduwardo, Ana Flávia Machado, André Braz Golgher [2006] 'Desigualidad de remuneraciones en Brasil' "*REVISTA DE LA CEFAL 90*", CEPAL

Montealegre, Ana Maria, Eduardo Alonso, Karla Meneses [2006] 'DUODÉCIMO INFORME SOBRE EL ESTADO DE LA NACIN EN DESARROLLO HUMANO SOSTENIBLE ENFOQUES DE COMPETITIVIDAD PARA EL DESARROLLO' Consejo Nacional de Lectores, Costa Rica.

http://www.estadonacion.or.cr/images/stories/informes/012/docs/oportunidades/Enfoques_competitividad.pdf （2010年5月2日最終確認）

Moraes, Dijon de [2006] "*Análise do Design Brasileiro*", São Paulo, EDITORA EDGARD BLUCHR

Moultrie, James, Finbarr Livesey [2009] "*International Design Scoreboard: Initial indicators of international design capabilities*", Cambridge, Institute for Manufacturing, University of Cambridge

Multi-Disciplinary Design network 'Multi-disciplinary design education in the UK' Design Council http://www.designcouncil.org.uk/Documents/Documents/OurWork/MDnetwork/MD-Network_Final Report.pdf （2012年5月21日最終確認）

Museo de Arte y Diseño Contemporáneo [2010] "*Diseño Responsable 1era exposición Carbono Neutral*" San José, Costa Rica, MADC

Nurse, Keith [2006] 'THE CULTURAL INDUSTRYES IN CARICOM: TRADE AND DEVELOPMENT CHALLENGES' Caribbian Regional Negotiating Machinery

Papanek, Victor [1971] "*Design for the Real World- Human Ecology and Social Change*", New York, Pantheon Books（ヴィクター・パパネック [1974]『生きのびるためのデザイン』阿部公正訳、晶文社）

Papanek, Victor [1995] "*THE GREEN IMPERATIVE -Ecology and Ethics in Design and Architecture*", Thamas and Hudson（ヴィクター・パパネック [1998]『地球のためのデザイン』大島俊三・村上太佳子・城崎照彦共訳、鹿島出版会）

Parada Gómez, Alvaro Martín, Wim Pelupessy [2006] 'Los efectos ambientales de la cadena global de prendas de vestir en Costa Rica', RACO "*Revista Iberoamericana de Economía Ecológica vol.3*", REDIBEC http://www.raco.cat/index.php/Revibec/article/view/39767/39605

Pérez Sainz, Juan Pablo edit [2002] "*ENCADENAMENTOS GLOBALES Y PEQUENA EMPRESA EN CENTROAMERICA*", San José, Facultad Latinoamericana de Ciencias Sociales (FLACSO) Costa Rica

Pochmann, Marcio [2004] 'ECONOMIA SOLIDARIA NO BRASIL : POSSIBILIDADE E LIMITES' IPEA "*Mercado de trabalho no.24*" São Paulo, IPEA

Program and Selection Committee of 6th Asian Design International Conference [2003] "*Journal of the Asian Design International Conference Vol.1*", Tukuba-shi, Ibaraki, 6th Asian Design International Conference

Putnam, Robert [1993] "*MAKING DEMOCRACY WORK*", Princeton, Princeton University Press（ロバート・パットナム [2001]『哲学する民主主義』河田潤一訳、NTT 出版）

Raulik-Murphy, Gisele, Gavin Cawood, Povl Larsen, Alan Lewis 'A comparative analysis of strategies for design in Finland and Brazil', Sheffield Hallam University Research Achive

http://shura.shu.ac.uk/452/1/fulltext.pdf （2012年5月21日最終確認）
Red de Diseño Asociación Amigos del Centro Metropolitano de Diseño [2006] "iF No.2",
Buenos Aires, CMD
Red de Diseño Asociación Amigos del Centro Metropolitano de Diseño [2009] "iF No.5",
Buenos Aires, CMD
Red de Diseño Asociación Amigos del Centro Metropolitano de Diseño [2010] "iF No.6",
Buenos Aires, CMD
RILESS [2006] "Experiencia de economía social y solidaria en Argentina y Brasil: trabajos ganadores del primer concurso Ricess para investigadores jóvenes", Buenos Aires, Elaleph.com
Robertson, Roland [1992] "Globalization: Social Theory and Global Culture", London, Sage (R. ロバートソン [1997]『グローバリゼーション 地球文化の社会理論』阿部美哉訳、東京大学出版会)
Rodoliguez Herrera, Adolfo, Hernán Alvarado Ugarte, CEPAL [2008] "Claves de la innovación social en América Latina y el Caribe", Santiago de Chile, CEPAL
Ruthschilling, Evelise Anicet, Luciana Chiarelli Candia [2006] 'Ecodesign na Moda-Brasil años 2000' Congreso Brasileiro de pesquisa e desenvolvimento em design, "P&D paraná 2006", Curitiba
Sachs, Wolfgang [1999] "PLANET DIALECTIC Explorations in Environment & Development", London, Zed Books （ヴォルフガング・ザックス [2003]『地球文明の未来学 脱開発へのシナリオと私たちの実践』川村久美子・村井章子訳、新評論）
Sanchez, Marco V [2007] "Liberalizacion comercial en marco del DR-CAFTA:efectos en crecimiento, la pobreza y la desigualidad en Costa Rica", México, D.F., CEPAL
Santos, Daniela Cristina dos, Flavio A.N.V. dos Santos [2006] 'Design de moda para mercado do luxo: coleção de pret-a-porter inspirada no Reino de Sabá', Congresso Brasileiro de pesquisa e desenvolvimento em design, "P&D paraná 2006", Curitiba
Sasaki, Masayuki [2010] 'City, Culture and Society Opening up new horizon of urban studies' Elsevier "City, Culture and Society" Vol.1, Issue.1, http://www.journals.elsevier.com/city-culture-and-society/
Sassen, Saskia [2001] "THE GLOBAL CITY New York, London, Tokyo", Princeton, Princeton University Prsss （サスキア・サッセン [2008]『グローバル・シティ－ニューヨーク・ロンドン・東京から世界を読む』伊豫谷登士翁監訳、筑摩書房)
Saulkin Susana [2006] "Historia de moda en Argentina,del miriñaque al diseño de autor", Buenos Aires, Emece ediotores
Secretaría de Investigación, Facultad de Arquitectura, Diseño y Urbanismo [2008] "Diseño y Artesanía", Buenos Aires, Secretariia de Investigación, Facultad de Arquitectura, Diseño y Urbanismo, UBA
Senar, Pedro [2007] 'Diseño e innovación para el desarrollo del capital social. El caso Ma-

nos del Delta. Cooperativa de Artesanos Isleños. Bs. As. Argentina"
http://www.unisinos.br/revistas/index.php/otraeconomia/article/view/1062
（2010年10月25日最終確認））

Senar, Pedro [2009] 'Hacia un diseño disciplinar inclusivo: Poles sociales del diseño industrial en Argentina"
http://www.unisinos.br/revistas/index.php/otraeconomia/article/view/1127/306
（2012年5月18日最終確認）

Singer, Paul 'The Recent Rebirth of the Solidary Economy in Brazil"
http://www.ces.fe.uc.pt/emancipa/research/en /ft/difusao.html （2007年8月28日最終確認）

Sparke, Penny [1986] "*An Introduction to Design & Culture in twentieth Century*", London, Unwin Hyman（ペニー・スパーク [1993]『近代デザイン史 二十世紀のデザインと文化』白石和也・飯岡正麻共訳、ダヴィッド社）

Stolle, Dietlind & Marc Hooghe（eds）[2003] "*Generating Social Capital: Civil Society and Institutions in Comparative Perspective*", New York, Plagrave Macmillian

Thackara, John [1988] "*DESIGN AFTER MODERNISM*", London, Thames and Hudson Ltd.（ジョン・サッカラ編 [1991]『モダニズム以降のデザイン』奥出直人・藤原えりみ・桝山寛訳、鹿島出版会）

Throsby, David [2001] "*Economics and Culture*", Cambridge, Cambridge University Press（デイヴィッド・スロスビー [2005]『文化経済学入門』中谷武雄・後藤和子監訳、日本経済新聞社）

Throsby, David [2010] "*The Economics of Cultural Policy*", Cambridge, Cambridge University Press

Tomlinson, John [1991] "*CULTURAL IMPERIALISM: A Critical Introduction*", London, Pinter Publishers,（ジョン・トムリンソン [2000]『文化帝国主義』片岡信訳、青土社）

UNCTAD [2008] "*CREATIVE ECONOMY REPORT 2008*"

UNCTAD [2010] "*CREATIVE ECONOMY REPORT 2010*"

UNEP, Rathenau Institute and Delft university of Technology [1996] "*ECODESIGN a promising approach to sustainable production and comsumption*" UNEP

UNESCO Brasil [2003] "*Politicas culturales para o desenvolvimento ; uma base de dados para a cultura*" Brasília, UNESCO

Universidad de Palermo [2009] "*Actas de Diseño 7*", Buenos Aires, Universidad de Palermo

Universidad de Palermo [2010] "*Actas de Diseño 8*", Buenos Aires, Universidad de Palermo

University of Art and Design Helsinki [2006] "*Cumulus Working Papers Nantes 16/06*", Helsinki, University of Art and Design Helsinki

Van der Ryn, Sim, Stuart Cowan [1996] "ECOLOGICAL DESIGN", New York, Island

Press（シム・ヴァンダーリン、スチュアート・コーワン［1997］『エコロジカル・デザイン』林昭男、渡和由訳、ビオシティ）
VOX POPULI［2006］'Relatório de Pesquisa Centro CAPE―Artesãos Exportadores'
Walker, John A［1989］"*Design History and the History of Design*", Chicago, PLUTO PRESS（ジョン・ウォーカー［1998］『デザイン史とは何か』栄久庵祥二訳、技報堂出版）
Wallerstein, Immanuel［2006］"European Universalism: The Rhetoric of Power, The New Press（イマニュエル・ウォーラーステイン［2008］『ヨーロッパ的普遍主義』山下範久訳、VOX POPULI［2006］'Relatório de Pesquisa Centro CAPE―Artesãos Exportadores' 明石書店）
Whan Oh Sung, Min Jeong Song, Jongmin Park, Kyung-won Chung［2007］'CHANGING ROLES OF DESIGN PROMOTION ORGANIZATIONS IN GLOBAL CONTEXT AND A NEW THEORETICAL MODEL FOR A DESIGN PROMOTION SYSTEM', International Association of Societies of Design Research
90＋10［2010］"*90＋10 No.28*", Buenos Aires, 90＋10
90＋10［2010］"*90＋10 No.29*", Buenos Aires, 90＋10

【ウェブサイト】
経済産業省デザイン・人間生活システム（デザイン政策・デザイン調査報告書等）
　　http://www.meti.go.jp/policy/mono_info_service/mono/human-design/index.html
国際デザインセンター　http://www.idcn.jp/
サステナブルデザイン国際会議　http://www.sustainabledesign.jp/index.html
（公）日本デザイン振興会　http://www.jidp.or.jp/
City, Culture and Society（ELSEVIER journal）
　　http://www.journals.elsevier.com/city-culture-and-society/
Cmulus（International association of universities and Colleges of Art, Design and Media）
　　http://www.cumulusassociation.org/
DESIGN21（SOCIAL DESIGN NETWORK）　http://www.design21sdn.com/design21
DESIS（Design for Social Innovation and Sustainability）NETWORK
　　http://www.desis-network.org/desis-network
LENS（the Learning Network on Sustainability）　http://www.lensconference.polimi.it/
The International Council of Societies of Industrial Design（Icsid）　http://www.icsid.org/
World Design Survey　http://worlddesignsurvey.org/

索引

あ
アクションリサーチ............ 105, 106, 115, 125
アデリア・ボルジェス...................... 26, 57
アルファフォーラム（FOROALFA）...... 3, 5, 121, 122, 127, 128, 134, 140

い
インクルーシブデザイン（包摂的デザイン）
.... 122, 133

う
ヴィクター・パパネック........................ 17
ウィリアム・モリス...... 12, 13, 14, 16, 17, 21, 22, 91, 143, 153
ウェブ2.0 .... 3, 27, 106, 129, 131, 132

え
エコデザイン...... 17, 19, 20, 35, 41, 42, 43, 45, 59, 80, 93, 100
エコファッション................................ 65
エツィオ・マンズィニ........................ 17, 19

か
柏木博.. 13, 14, 143
環境経済学................................ 21, 153, 163

き
起業を伴った（う）デザイン活動...... 4, 80, 82, 83, 85, 91, 92, 93, 94, 95, 96, 100, 149, 150

け
現代美術・デザインミュージアム（MADC）
.... 70, 71, 72, 92, 93, 96, 99

こ
工芸（活動の）活性化......... 3, 32, 35, 37, 44, 45, 46, 47, 52, 53, 54, 56, 148, 172
工芸政策............... 53, 55, 56, 149, 165, 168, 169
国立工業技術研究所（INTI）... 94, 95, 111, 117, 122, 126, 134
国家デザイン計画（PND）...................... 111

さ
サードセクター...... 32, 33, 44, 45, 46, 52, 53, 56, 58, 104, 133, 148, 149, 157, 159, 160, 165, 167
佐々木雅幸......... 7, 141, 142, 153, 154, 157, 158, 159, 160, 161, 162, 164, 173
サスティナブルデザイン............ 17, 18, 19, 20, 26, 35, 40, 43, 56, 59, 94, 96, 111, 117, 121, 122, 127, 128
サステナブルデザイン国際会議......... 19, 20, 29
参加型デザイン........................ 115, 138, 139

し
持続可能性......... 12, 13, 16, 21, 23, 24, 25, 29, 44, 46, 47, 53, 54, 55, 56, 59, 60, 65, 74, 82, 84, 106, 107, 114, 128, 131, 136, 148, 149, 150, 151, 152, 153, 156, 157, 158, 159, 161, 162, 163, 164, 170
持続可能な社会......... 6, 7, 12, 13, 17, 21, 24, 25, 29, 32, 33, 34, 44, 45, 46, 47, 53, 54, 55, 58, 82, 84, 91, 94, 104, 107, 136, 137, 143, 148, 150, 154, 159, 161, 162, 163, 166, 167, 168, 170
持続可能な発展............ 12, 22, 28, 29, 30, 38, 51, 57,

60, 69, 106, 122, 124, 153, 159
市民参加……………………… 3, 136, 142, 166
市民社会…………27, 28, 32, 37, 52, 56, 58, 94, 99, 104, 105, 106, 108, 109, 110, 115, 127, 130, 132, 133, 134, 135, 136, 137, 138, 139, 140, 141, 142, 143, 148, 150, 151, 157, 159, 160, 161, 165, 170
社会関係資本……57, 104, 105, 106, 107, 131, 133, 136, 137, 150
社会的企業……………… 3, 5, 44, 52, 65, 81, 92, 94, 116, 120, 125, 138, 139, 140, 165, 167, 168
社会的経済…………36, 57, 92, 104, 105, 111, 115, 117, 127, 129, 132, 133, 134, 135, 139, 142, 143, 153, 154, 160, 167
社会的包摂(社会包摂)… 28, 32, 38, 44, 45, 46, 47, 51, 52, 55, 57, 58, 60, 92, 110, 116, 124, 136, 137, 141, 142, 143, 148, 149, 150, 151, 154, 155, 157, 158, 160, 161, 162, 165, 167, 170
情報通信技術(ICT) ………6, 22, 27, 44, 45, 46, 57, 93, 104, 106, 131, 135, 136, 137, 140, 143, 151, 165, 167, 168, 169
ジョン・ラスキン………………… 21, 22, 153
シルヴィア・ササオカ……… 3, 4, 37, 39, 40, 58

す
水平的(な)ネットワーク……… 150, 151, 157, 160, 161, 162, 165, 167, 170

せ
政策(との)連携・統合…… 149, 151, 165, 167, 168, 169, 170
セルジュ・ラトゥーシュ… 7, 155, 156, 158, 159, 161

そ
相互依存性………… 25, 56, 90, 92, 136, 137, 150, 151, 167, 168
創造経済……………… 22, 28, 29, 60, 141, 157
創造産業…………12, 15, 26, 27, 28, 57, 59, 60, 67, 93, 107, 110, 113, 123, 126, 141, 153, 171
創造性(クリエイティビティ)………26, 41, 54, 70, 74, 80, 81, 83, 84, 88, 89, 122, 125, 126, 153, 161
創造都市……22, 141, 142, 143, 153, 154, 157, 159, 161, 162, 164, 172, 173
創造都市ネットワーク… 4, 5, 112, 113, 141, 153, 159, 160
創造都市論… 7, 141, 153, 154, 157, 158, 160, 161
創造の場……………………… 99, 142, 153, 160
ソーシャル・イノベーション…… 17, 19, 28, 57
ソーシャルデザイン…… 5, 26, 35, 42, 43, 45, 59, 93, 94, 121, 123, 124, 125, 127, 128, 129, 130, 131, 137, 138, 139, 141, 143, 150, 151, 161, 167, 168
ソーシャルネットワーキングサービス(SNS)
……………………… 99, 128, 129, 131, 132
ソーシャルネットワーク(ネットワーク)
………… 3, 5, 6, 7, 17, 98, 104, 105, 106, 107, 111, 114, 115, 116, 117, 118, 119, 120, 121, 122, 123, 124, 125, 127, 128, 129, 130, 131, 132, 133, 134, 135, 136, 137, 138, 140, 142, 143, 150, 158, 160, 165, 172
ソニア・チャン……………………………… 75, 76

た
脱成長論………… 7, 153, 155, 156, 158, 159, 160
多様性……… 4, 5, 12, 25, 32, 54, 55, 56, 57, 59, 60, 86, 87, 88, 89, 91, 148, 149, 150, 151, 152, 156, 157, 159, 161, 162, 164, 165, 170

ち
地域活性化…………………… 4, 38, 92, 94, 151
地域性……… 12, 19, 54, 55, 56, 57, 59, 60, 75, 85, 86, 87, 148, 149, 150, 152, 157, 158, 159, 161,

162, 163, 164, 165, 170, 171
地域政策……………22, 94, 95, 118, 164, 165, 170
地域政策としてのデザイン政策………165, 168
中小企業の活性化（中小零細企業の活性化）
　　………3, 4, 34, 38, 45, 46, 49, 52, 57, 82, 93,
　　141, 148, 172

て

デイヴィッド・スロスビー……6, 22, 23, 24, 25,
　　54, 56, 85, 87, 89, 106, 107, 136
デザイナー起業家（デザイナーの起業家）
　　……43, 78, 92, 94, 96, 97, 119, 120, 125, 126,
　　128, 134, 139, 141, 143
デザイン活動の民主化………127, 131, 132, 135,
　　136, 137, 139, 141, 142, 143, 150, 151, 166
デザイン教育機関フォーラム（Foro de Escuelas
　　de Diseño）………………116, 125, 128
デザインクラブ（Diseño Club）………118, 122,
　　125, 128, 140
デザインコミュニティ………………117, 131
デザインコンテンツ（Contenidos de Diseño）
　　…………………119, 125, 128, 135, 140
デザイン集約型産業……………………113
デザイン（振興）政策……14, 20, 27, 32, 34, 35,
　　53, 55, 56, 60, 71, 92, 95, 110, 112, 114, 123,
　　124, 127, 128, 129, 130, 134, 137, 149, 163,
　　164, 165, 166, 167, 168
デザイン政策の独自化………163, 166, 168, 170
デザイン政策の民主化………166, 167, 168, 170
デザインセンター………49, 50, 51, 52, 55, 56, 71,
　　93, 96, 141, 165
デザイン都市…………………………5, 112, 113
デザインの工芸化…………44, 45, 47, 51, 52, 53,
　　54, 55, 56, 148, 149
デザインの社会化………………………45
デザインネットワーク……55, 111, 123, 126, 134
デザインフェア………………93, 96, 112, 113, 117, 120

な

内発的（な）発展………19, 64, 81, 90, 105, 153,
　　156, 158
ナタリア・コルデーロ………………………78, 97

に

日本デザイン機構……………………18, 20, 167

は

パレルモソーホー……………………5, 91, 126

ふ

ブラジル・デザイン・プログラム（PBD）
　　……………………………34, 48, 50, 51, 55
ブラジル零細小企業支援サービス（SEBRAE）
　　……37, 38, 39, 42, 48, 49, 50, 51, 53, 57
文化享受能力（享受能力）………21, 83, 89, 92,
　　141, 166
文化経済学……………6, 21, 22, 153, 156, 172
文化権…………57, 58, 59, 136, 137, 141, 142, 152,
　　157, 166
文化産業……………15, 25, 29, 57, 64, 67, 71, 110,
　　112, 113, 132, 154
文化資本……6, 21, 22, 23, 24, 25, 29, 54, 55, 58,
　　65, 82, 83, 84, 85, 86, 88, 89, 90, 91, 92, 104,
　　106, 107, 136, 141, 148, 149, 152, 162, 164,
　　165, 166, 170
文化資本の民主的活用……………136, 137, 151
文化政策としてのデザイン政策…164, 166, 168
文化的価値…………22, 23, 25, 46, 54, 56, 58, 82,
　　83, 84, 85, 86, 87, 88, 89, 90, 91, 92, 95, 149,
　　150, 152, 157, 165, 170
文化の多様性………4, 25, 28, 29, 51, 52, 54, 57,
　　60, 84, 85, 86, 136, 137, 141, 142, 148, 149,
　　152, 158, 159, 163, 165

へ
ベアトリス・ガラン…… 3, 5, 104, 105, 106, 107, 115, 126, 134, 138

ま
益田文和……………………………………… 19
松岡由幸……………………………………… 20

み
宮崎清………………………………………… 18
宮本憲一……………………………… 29, 153, 163

め
メトロポリタンデザインセンター（CMD）
　　… 112, 119, 120, 122, 123, 134, 140, 142, 143

も
モンセラット・ラミレス………………… 76, 77

り
倫理的クリエイティビティ（Creatividad ética）
　　………………… 119, 122, 127, 128, 138
倫理的ファッション………………………… 65

る
ルイス・フェルナンド・キロス………… 99, 100, 101, 172
ルクレシア・ロリア………… 3, 4, 72, 73, 74, 94, 96, 100

れ
連帯経済…… 7, 27, 32, 33, 36, 38, 44, 45, 46, 47, 51, 52, 56, 57, 60, 92, 94, 96, 104, 133, 153, 154, 156, 157, 158, 159, 160, 161

R
RED（Registro de Experiencia de Diseño）
　　……… 105, 106, 115, 124, 125, 127, 128, 131, 134, 137, 138, 139

鈴木美和子(すずきみわこ)

多摩美術大学絵画科卒業。立命館大学大学院国際関係研究科博士前期課程修了。大阪市立大学大学院創造都市研究科博士後期課程修了。博士（創造都市）。
現在、大阪市立大学大学院創造都市研究科客員研究員。
共著：'Breve reflexión sobre la actividad de diseño desde el concepto de capital cultural. El significado y las posibilidad de activación de la artesanía en Brasil'（Beatriz Galán, ed., 2011）

文化資本としてのデザイン活動　ラテンアメリカ諸国の新潮流

発行日　2013年7月1日　初版第一刷発行

著　者　鈴木 美和子
発行人　仙道 弘生
発行所　株式会社 水曜社
　　　　〒160-0022 東京都新宿区新宿1-14-12
　　　　TEL03-3351-8768　FAX03-5362-7279
　　　　URL www.bookdom.net/suiyosha/
印　刷　日本ハイコム 株式会社

©SUZUKI Miwako, 2013, Printed in Japan　ISBN978-4-88065-322-8 C0036

本書の無断複製（コピー）は、著作権法上の例外を除き、著作権侵害となります。
定価はカバーに表示してあります。乱丁・落丁本はお取り替えいたします。

文化とまちづくり叢書　地域社会の明日を描く——。

障害者の芸術表現
共生的なまちづくりにむけて
川井田祥子 著
2,625 円

文化と固有価値のまちづくり
池上惇 著
2,940 円

愛される音楽ホールのつくりかた
沖縄シュガーホールとコミュニティ
中村透 著
2,835 円

文化からの復興
市民と震災といわきアリオスと
ニッセイ基礎研究所
いわき芸術文化交流館アリオス 編著
1,890 円

チケットを売り切る劇場
兵庫県立芸術文化センターの軌跡
垣内恵美子・林伸光 編著
佐渡裕 特別対談
2,625 円

浪切ホール 2002-2010　岸和田市文化財団ドキュメントブック
いま、ここ、から考える地域のこと 文化のこと
財団法人 岸和田市文化財団 発行
2,310 円

文化財の価値を評価する
景観・観光・まちづくり
垣内恵美子 編著
岩本博幸・氏家清和・奥山忠裕・児玉剛史 著
2,940 円

官民協働の文化政策
人材・資金・場
松本茂章 著
2,940 円

公共文化施設の公共性
運営・連携・哲学
藤野一夫 編
3,360 円

固有価値の地域観光論
京都の文化政策と市民による観光創造
冨本真理子 著
2,835 円

企業メセナの理論と実践
なぜ企業はアートを支援するのか
菅家正瑞 監修・佐藤正治 編
2,835 円

創造都市と社会包摂
文化多様性・市民知・まちづくり
佐々木雅幸・水内俊雄 編著
3,360 円

文化政策学入門
根木昭 著
2,625 円

全国の書店でお買い求めください。価格はすべて税込（5％）です。